Les cahiers de Val-David

Festival Notebooks

Los cuadernos de Val-David

2009-2014

Anthologie brève

Plus le CD ¿Cuál es la verdad de lo vivido?
Canciones Urbanas de Luis Raúl Calvo

Červená Barva Press
Somerville, Massachusetts

Červená Barva Press
P.O. Box 440357
W. Somerville, MA 02144-3222

www.cervenabarvapress.com

Cover Art: Luminiţa Suse

Bookstore: www.thelostbookshelf.com

ISBN: 978-0-692-28317-2

Library of Congress Control Number: 2014950003

Remerciements

Cette anthologie est le résultat d'un bel effort collectif
Merci à tous
Thank you all
Muchas gracias

Avec l'appui de CLD—Centre local de développement Laurentides
With the assistance of CLD—Centre local
dedéveloppement Laurentides

CLD Centre local
de développement
Laurentides

Les cahiers de Val-David

Festival Notebooks

Los cuadernos de Val-David

2009-2014

Anthologie brève

Poetry, poesia, poésie.

Par Denis Emorine

Val - David est « un monde à part », c'est sa devise. La poésie en est un également. Elle n'a pas de drapeau mais possède un territoire au Québec où les langues du monde règnent tout en étant égales. Dans cette anthologie, elles sont trois à se donner la main. Le français est ma langue maternelle; English is my mother's tongue y me gusta mucho la lengua española: quel bonheur de les retrouver toutes trois !

Cela fait des années que je promets à Flavia de séjourner à Val-David. J'y suis allé plusieurs fois en esprit certes mais il me reste à tenir ma promesse. Cette anthologie m'y aidera certainement. Arrive un moment où les mots retrouvent le goût de la chair qu'ils n'auraient jamais dû perdre, où les langues du monde finissent par n'en faire qu'une. Quel poète n'a pas rêvé de réaliser ce souhait à Val-David ? Y a-t-il un endroit où mieux retrouver l'enfance du monde ?

Ici, quelques pays se donnent rendez-vous au fil des pages. L'avenir sera multilingue et il faut s'en réjouir. La poésie est le lieu de passage par excellence et le poète citoyen du monde. Il suffit parfois d'un seul être pour entraîner tous les autres dans une utopie généreuse. Le festival international de poésie de Val-David existe depuis 2009. Son succès ne se dément pas tellement les poètes du monde ont soif d'un espace de liberté. Ils savent qu'en ce lieu béni la poésie trouve une terre féconde. Il suffit de lire le livre d'or de l'association pour en être convaincu.

Lisez et relisez les poètes de cette anthologie; certains sont célèbres, d'autres moins. Aucune importance! Ils vous tendent la main, prenez-la et gardez longtemps en vous la saveur de leurs mots.

David Brême

L'étincelle

C'est un oiseau délicat
Qui déploie dans les airs
Ses vastes ailes et son éclat,
Yeux fixés sur l'aube de la terre

C'est le primevère du printemps
Qui surgit après la longue mort d'Adam
Et offre sa corolle fraîche et frêle
Entre les pierres, la neige et le vent.

C'est un adolescent fier
Qui perce la nuit d'un éclair
Et porte ardemment la lumière
Pour le loup et la vipère
La colombe, l'agneau et le ver

Il avance et avec lui,
C'est toute la terre dans la nuit
Qui par l'étincelle transfigurée d'un seul
Aspire à s'embraser en brûlant ses linceuls.

The Spark

It's a delicate bird
That extends into air
Its vast wings and its brilliance,
Its eyes fixed on the dawns of the earth

It's the primavera of the spring
That surge long-time after Adam's death
And presents its fresh and frail corolla
Among stones, snow and winds.

It's a proud adolescent
Who stabs the night with a thunder bolt
And carries on passionately the light
For the wolf and the asp
The dove, the lamb and the worm.

He is advancing and the whole world
Advances alongside him into the night,
And by the transfigured spark of only one
Humanity aspire to harmony and love
Burning down its shrouds.

Translated by Flavia Cosma

Alan Britt

En traversant le pont Walt Whitman

Walt a donné son nom à un pont.

Une énorme extension d'acier
& un poids persistant.

Ce pont relie les vies quotidiennes,
il supporte les multitudes
nonstop 24 heures sur 24.

Mais le vrai pont,
celui qu'il a créé
entre nos vies et l'infini,
est celui que je traverse maintenant
entre les rivages de ma solitude.

French translation by Elizabeth Csicsery-Ronay

Après toute une journée à la Galerie Nationale

Je trace ta silhouette
sur l'air,
une pommette saillante
et deux pommes qui se balancent dans ton chemisier.

Un mot maladroit
tel un minuscule parachute
me poursuit partout où je vais.

French translation by Elizabeth Csicsery-Ronay

Crossing the Walt Whitman Bridge

They have named a bridge after Walt.

A massive extension of steel
& persistent weight.

This bridge connects daily lives,
supports the multitudes
nonstop 24 hours a day.

Walt would surely be proud.

But the true bridge,
the one he created
from our lives to the infinite,
is the one I'm crossing now
between the shores of my solitude.

After Spending All Day at the National Gallery

I draw your outline
on the air,
one high cheekbone
and two loose apples in your blouse.

An awkward word,
like a tiny white parachute,
follows me everywhere I go.

Christopher Bowen

I Speak Spanish From the Tops of Pyramids

Miguel speaks Spanish and I speak Spanish and Miguel has no idea
I do. He lays block while I bring block and still he has no idea,
calling me a *perro*. He laughs and jokes with the other migrant
workers.

But I speak Spanish from the tops of pyramids and they have no
idea I do. I am like the only child of a Mayan woman and Spaniard
man from centuries ago. And I sweat like an Egyptian slave
building these pyramids but what are really basements for houses
four bedrooms strong and sturdy and developed.

I speak Spanish from the tops of pyramids because speaking it
here could get me killed.

I saw Miguel open up a bag of mortar yesterday with a switchblade.
Men don't just come around one of those. And I breathed in the
dust of concrete mix that was pulled from the mixer by winds of
the Pharaoh, the same that blew the day he died before the times
of Christ.

Mother taught me to forgive. Señora Smith taught me Spanish. But
Miguel taught me to speak Spanish from the tops of pyramids
because some days when we've finished a basement and my
muscles gyrate from the shock of the day and the day is still young,
we go home early.

Unless it's between noon and one, then we start another pyramid.
The Mexicans start a fire under the unfelled trees at the perimeter
of the lot using empty mortar bags, and then drink beer. I get to
clean the site of scaffolding and planks and unused buckets of
concrete, sixty pounds strong.

And to be honest, I don't speak Spanish from the tops of pyramids
but imagine myself on the wall of the day's work done shouting at
Miguel and calling him worse than he ever called me.

He follows me into the pit of the basement with pebbles for
drainage and pebble to kick at him and he pulls "Señorita," his
switch from his back pocket.

I imagine a day I will not be a slave, a day when the student
becomes the teacher. I imagine the day I have a better job.

Hablo el español desde lo alto de las Pirámides

Miguel habla el español y yo hablo el español pero Miguel no se da cuenta que yo también lo hablo. Él coloca bloques mientras yo le traigo bloques pero él no tiene la menor idea, y me trata como *un perro*. Él se ríe y se burla de mí junto a los otros trabajadores migrantes.

Pero yo hablo el español desde lo alto de las pirámides y ellos no tienen idea de que yo lo hago. Soy algo así como el único hijo de una mujer maya y un hombre español viviendo siglos atrás. Y yo transpiro profundamente como un esclavo egipcio construyendo esas pirámides, pero en realidad son sótanos para casas de cuatro habitaciones fuertes, sólidas y desarrolladas.

Hablo el español desde lo alto de las pirámides porque hablándolo acá puedo terminar con ellos matándome.

Ayer he visto a Miguel abrir un saco de mortero con una navaja. Y he respirado el polvo de la mezcla de cemento que fue sacado del mezclador por el viento del Faraón, el mismo viento que soplaba el día que él se murió, antes del tiempo de Cristo.

Mi mamá me enseñó a perdonar. La señora Smith me enseñó el español. Pero Miguel me enseñó a hablar español desde lo alto de las pirámides. Cuando terminemos de construir un sótano nosotros iremos a casa temprano.Salvo que fuere entre el mediodía y las 13 hs, entonces nosotros empezaremos otra pirámide. Los mexicanos encienden un fuego debajo de los árboles utilizando sacos vacíos de mortero, y después beben cerveza. A mí me toca limpiar el sitio de andamiajes y tablas de inusitados cubos de cemento.Y al hablar, honestamente, yo no hablo el español desde lo alto de las pirámides pero me imagino a mí mismo en la pared, trabajando día a día, gritando e insultando a Miguel y llamándolo con los peores nombres con los que él me ha llamado.Él me sigue en el foso del sótano con guijas para desaguar y guijas para dar puntapiés y él saca la "Señorita", su navaja desde su bolsillo de atrás. Yo imagino un día cuando no sea más un esclavo, un día cuando el alumno se transforme en el docente. Me imagino un día cuando tenga un trabajo mejor.

Traducción: Luis Raúl Calvo

Gordon Bradley

Si je savais les réponses

Si je savais les réponses
Je saurais
Les questions
Pourtant les questions
Sont les réponses
En un sens contraire
Et comme un vieil homme
Pourrait dire :
« Excusez-moi, Sir
Est-ce que vous savez
Qui a le droit de passer avant
Sur la route
Des Bonnes Intentions? »

Émotion maîtrisée
Froidement ressentie
Et pourtant jamais débattue.

Confiseries
Ouvertes au milieu des acclamations
Des sourires flottant au-dessus des miettes de chocolat

Traduction en français Flavia Cosma et Denis Emorine

If I Knew the Answers

If I knew
The Answers
I'd know
The Questions
But the Questions
Are the Answers
In a reverse
Sort of way
And as an old man
Might say
"Excuse me, Sir
Do you know
Who has
The Right Of Way
On the Good Intention
Highway"?

Restrained emotion
Distantly felt
But never discussed.

Candy bars
Unwrapped amid shouts
While smiles float over chocolate crumbs

Philip Brunst

Excerpted From *"The Way Dust Falls"*

The last lame light of day ducked behind the horizon and cast a gray, soupy hue over the street on which Mr. Neumann lived. An early night was in the offing, but as it wasn't yet four o'clock, Mr. Neumann continued to peer out the window of his narrow, brick house, awaiting the arrival of his niece, Anna. Swirling December gusts tossed the bare branches of the recently planted maple in his front yard and chased clusters of snow and fallen leaves around the trunk. The thin boughs of the tree reared and bowed, and their spindly offshoots whipped and snapped and punctured the otherwise seamless sound of wind. At the end of the block, the streetlamp had brightened into a sharp glow and spread a circle of yellow light on the slush-slicked sidewalk.

Given the weather, Mr. Neumann was not in the least convinced that Anna would pay him a visit that afternoon, but he knew better than to discount her entirely. She was a capricious girl, capable of appearing on a whim, or scheduling a time and then disappearing from her uncle's life for months; he had to admit, it was part of her appeal. Life was a flurry to her and she embraced its confusion. An afternoon such as the one he faced might be exactly the type of thing to strike a sense of perverse adventure in the girl and lead her half way across town after school.

Indeed, over the past few months, Mr. Neumann had noticed a visible restlessness in the girl. She had just reached fifteen years of age, so perhaps it was only natural that her ever-present will would be intent on rearing itself for him to see in all its grandeur, beauty, and imperfection. Yet he was quite sure it wasn't merely her age that had drawn out her brazen demeanor, for he'd seen it in her all along. It was why he'd first taken a liking to the girl. She was bold and uncaring in a way that made him so as well. Often, he tucked spending money into her coat pocket without her knowing for no other reason than to affirm his conviction: of all the avenues that lay before her, none would be traveled pusillanimously, and what she lost in tact, she would make up for with barefaced charm. For what of tact belonged in the realm of greatness anyway?

"Comment tombe la poussière" (Fragment)

La dernière faible lumière du jour a plongé derrière l'horizon en jetant une ombre grise et diffuse sur la rue où habite M. Neumann. Une nuit précoce était en vue, pourtant ils n'était pas encore seize heures. M. Neumann continua à scruter la rue de la fenêtre de sa maison étroite de briques, en attendant l'arrivée de sa nièce, Anna. Des rafales tourbillonnantes de décembre secouaient les branches nues d'un érable récemment planté dans le jardin d'avant. A la fin du pâté de maisons, le réverbère s'était éclairci dans une vive incandescence et répandait un cercle de lumière jaune sur le trottoir boueux.

Considérant la température extérieure, M. Neumann n'était pas du tout convaincu qu'Anna allait lui rendre visite cet après-midi, mais il savait mieux que ça pour ne pas tenir compte de la possibilité qu'elle vienne quand même. Elle était une fille capricieuse, capable d'apparaître selon sa fantaisie, ou se préparer pour une rencontre et puis disparaître de la vie de son oncle des mois durant. Un après-midi tout comme celui-ci pouvait refléter exactement le type de chose à saisir en elle, un sens d'aventure perverse, et l'amener à traverser la moitié de la ville après l'école.

En effet, pendant les derniers mois, M. Neumann avait observé une agitation visible chez la fille. Elle venait d'avoir quinze ans, et il était peut-être naturel que sa volonté toujours présente réapparaîtrait pour qu'il la voie dans toute sa grandeur, beauté et imperfection.

Pourtant il était tout à fait sûr que c'est n'était pas simplement son âge qui avait fait empirer son comportement, parce qu'il l'avait constaté chez elle depuis le début. C'était pour ça qu'il avait éprouvé de la sympathie pour la fille au premier abord. Elle était hardie et insouciante d'une manière qui l'influençait aussi. Souvent, il mettait en cachette de l'argent de dans la poche de son manteau à elle, sans qu'elle le sache sans autre motif que d'affirmer sa conviction : de tous les chemins qui s'étendaient devant elle, nul ne serait parcouru avec pusillanimité, et ce qu'elle avait perdu en savoir-faire, elle le récupérerait avec un charme éhonté. Parce que, quelle forme de tact appartenait de toute façon au royaume de la grandeur?

Traduction en français Flavia Cosma et Denis Emorine

Julie Burtinshaw

Prologue

Francis Sloan hadn't wanted to go the dance that sweltering Friday night in late August, but Kevin, his closest friend had cajoled him into it. "You never know. You might meet someone for a change."

"Yeah, right." At 15, Francis, shy, despite his lanky frame and clear blue eyes didn't see much chance of that *ever* happening, but he'd gone along because Kevin needed company and it was unusual he'd taken the initiative. Kevin hadn't wanted to do much of anything lately.... Not since his dad had been diagnosed a few months earlier. You didn't have to be an oncologist to know that Kevin's dad was in serious trouble; anybody could deduce that. His sunken cheeks, his wasted body, and his wispy hair were not good signs. Still, he hadn't lost the light in his eyes. Kevin had though.

When they got there, the crowd was in full swing, so he planted himself in the darkest corner of the gym so as not to attract attention. When the tall, exotic girl with the heavy, black eyeliner and high, arching brows appeared out of the dense vapour of the fog machine and asked him to dance, he thought to himself, *Are you're kidding?*

"I'm Sawyer." She eyeballed him, until he mumbled his name, then she smiled boldly, took his hand, and pulled him out onto the floor, where they danced under the rainbow lights until the DJ had spun his last record and he was too caught up in the moment to think about what would happen next and how it would change his life forever.

"See, I told you, you'd meet someone," Kevin crowed as they walked home from the dance. "Did you get her number?"

Francis nodded. "Better. We're going to see each other tomorrow. Her mom works, so I'm going to her place."

"Maybe you'll get lucky," Kevin teased, because neither of them had ever been with a girl before and the whole thing seemed impossible.

But Francis didn't laugh. "She's older," he replied. "Sixteen, and she goes to public school and lives on the other side of town. She's had a boyfriend, too, so she's experienced." He could still taste her lips on his and feel her soft skin beneath his hands.

14

Kevin rolled his eyes. "She's kind of Goth."

"She's beautiful," Francis sighed. "Exotic."

They cut through the park, each lost in their own thoughts. The closer the boys got to Kevin's house, the quieter and smaller Kevin became. Francis wished it were different. The last six months with Kevin had been difficult. Watching his best friend suffer though his dad's illness had been like watching a light slowly die out. If only there was something he could do, but he felt powerless. And guilty. He'd had a blast at the dance and now he had something to look forward to the next day.

When they arrived outside Kevin's house, he decided to keep going. He only lived a few blocks away and it was late. "Hey, thanks for making me go tonight. And, almost as an afterthought, because all he could think about was Sawyer, he said, "Say hi to your dad."

Kevin looked away, his voice barley audible. "Yeah. See you later."

"Yup. Later."

But in the two weeks leading up to the start of the school year, 'later' didn't happen. Francis went to Sawyer's the next day and the day after that and the day after that. They became inseparable. On their fourth day together, Sawyer took Francis by the hand and led him to her bedroom. "My mom won't be home for hours."

For a split second, Francis hesitated; his parents would worry if he missed dinner. He blinked. So what? Nothing mattered, except for Sawyer's slim, naked body and inviting smile.

Then the impossible happened, and Francis felt the gulf between his old self and his new self-widen.

Claudia Cáceres Franco

Extraído del poemario « Retorno hacia el antiguo Sur »

I.-

Extraño ser,
Vagabundo transparente en medio del tumulto,
Su vida circula bajo puentes y estrechos callejones,
Desorientado silba por el muelle, sin ser oído, sin llamar la atención
El tiempo se escurrió para él,
Vagabundo transparente en medio del tumulto,
Su fiel amigo huyó por algún hueco seco,
por alcantarillas de cristal
Extraño ser,
Su expresión soñadora lo delata,
Reconoce la música, pasea por los parques
Sin ser oído, sin llamar la atención.
Tras el reflejo de la luna,
Vagabundo transparente en medio del tumulto,
Su escalera aparece, las llaves del cálido hogar caen ante él,
y recita, declama, ¡grita!
Extraño ser,
Su reacción asombra; pendiendo de una cuerda ve el reloj,
Circula por el callejón, atraviesa el muelle,
Cruza los parques, recoge las llaves, sube la escalera y entra:
Lo esperan mil pastillas,
Un poco de agua
Y otros vagabundos transparentes en medio de un tumulto blanco,
todo blanco.

I.-

Être bizarre,
Vagabond transparent au milieu du tumulte
Sa vie circule en dessous des ponts et d'étroites ruelles,
Désorienté, il siffle près du quai, sans être entendu, sans être
aperçu
Le temps s'est écoulé pour lui,
Vagabond transparent au milieu du tumulte
Son ami fidèle s'enfuit dans un certain trou sec
Dans un dégoût de cristal
Être bizarre
Son expression songeuse le trahit,
En reconnaissant la musique, il circule par les parcs
Sans être entendu, sans être aperçu
Derrière le reflet de la lune,
Vagabond transparent au milieu du tumulte
Son escalier apparaît, les clefs d'un accueillant foyer tombent
devant lui,
Et il récite, il déclame, il cri!
Être bizarre,
Son réflexe étonne; suspendu d'une corde, il regarde l'horloge,
Il circule par la ruelle, traverse le quai,
Parcours les parcs, ramasse les clefs, monte l'escalier et rentre :
Ils lui attendent des milliers de pilules
Un peu d'eau
Et d'autres vagabonds transparents au milieu d'un tumulte blanc,
tout blanc.

Luis Raúl Calvo

(De "Silla vacía y otros poemas", aún inédito)

Silla Vacía

De cara al sol nuestra historia
reconoce sólo una parte de la silla.
Esa vaciedad que ha quedado grabada
en la raíz de los espejos, torna lúgubre
el candor de los espías
miserables corazones
que se esconden al despertar
de la noche.
Más allá de la crepitud del infierno
los huesos dormidos se reconocen
tiesos y escaldados.
En esa habitación un hombre
se deja morir día tras día.
Muchos de esos seres hoy
también se aventuran a pernoctar
en el olvido.
Se despiertan por las mañanas, toman
un sorbo de café e imaginan
que la plenitud de la belleza
está del otro lado de la tierra.

La chaise vide

Du visage au soleil, notre histoire
reconnaît seulement une partie de cette chaise.
Ce vide qui était resté gravé
dans le rayon des miroirs;
Il change la candeur des espions en une chose lugubre;
Des cœurs misérables
qui se cachent quand la nuit
tombe.
Au-delà de l'indignité de l'enfer
les os se reconnaissent les uns les autres
rigides et brûlants
Dans cette chambre, un homme
se laisse mourir
jour après jour.
Plusieurs de ces créatures, aujourd'hui
se lancent quand même dans l'aventure
de passer une nuit
dans l'oubli.
Au matin, ils se réveillent,
prennent une gorgée de café et
s'imaginent
que la plénitude de la beauté
existe encore quelque part
à l'autre bout du monde.

Traducción: Denis Emorine et Flavia Cosma

Rodica Chira

Journeés de fête

Mes pas quittent le quotidien
pour rencontrer le temps
en instants autrement mesurés.
Ils fréquentent des voies intéurieures
des sentiers oubliés...
des visages, toutes sortes de visages
tantôt menaçants, tantôt rebelles
m'attendent aux carrefours.
J'ai du mal a admettre
et à accepter
qu'ils sont tous à moi,
que mon âme est descendue dans les plantes des pieds
et veut que je me connaisse.

Mes mains se libèrent à leur tour
devenant très attentives aux attouchements :
elles refusent des claviers, des épidermes,
devinent la vie des mots,
tâtent la lumière et l'obscurité de mon dedans.
Mon âme est descendue dans les doigts
et veut que je me connaisse.

Je plonge doucement
dans les doigts et dans les plantes des pieds
et me prépare
pour la rencontre.

Il n'est pas trop tard

Pour tout ce que nous faisons ou désirons
il n'est jamais trop tard.
Si on savait
que l'éternité est devant nous,
jamais plus on ne se dépêcherait :
on donnerait aux lèvres ce qui revient aux lèvres,
les yeux verraient,
les bras commenceraient à sentir.
Même les arbres auraient
ce qui leur revient.
On s'arrêterait
sur le banc du parc
pour sentir le souffle de la terre
et chaque journée vécue
se transformerait
en éternité.

Pas encore

      Je te parle.
Tu es dans le fil d'herbe et tu me réponds.
Mais mes oreilles ne sont pas encore préparées à entendre.

Je te cherche.
Tu es dans la goutte de rosée et tu me vois.
Mais mes yeux ne sont pas encore préparés à voir.

Je veux te serrer dans les bras.
Tu es là.
Mais mes bras ne sont pas encore préparés à sentir.

Je chante pour toi.
Tu te réjouis,
même si ma voix n'est pas entrée encore
en résonance avec la musique des sphères.

Flavia Cosma

Les cadeaux

Je ne t'ai jamais regardé
Avec l'œil absent des amitiés d'occasion,
Ne t'ai jamais étudié
Comme on étudie une araignée morte
Dans un vivarium
Je n'ai pas eu le temps de m'arrêter
Devant tes yeux rougis par l'insomnie,
Ou devant tes lèvres tuméfiées
Par des vices cachés.

Je t'ai serré aveuglement dans mes bras,
T'ai dissipé dans des feux
Inconnus de moi,
T'ai changé
Et t'ai engendré encore une fois
Dans les douleurs,
Je t'ai transformé en ange
Avec la mante argentée,
Je t'ai donné tout le ciel avec les étoiles et la lune,
Je t'ai offert d'une manière absolue
Tout ce dont
Tu n'avais pas besoin.

Traduction en français Flavia Cosma et Denis Emorine

Presents

I never looked at you
With the absent eye of occasional friendship.
I didn't study you
As a dead spider
In a terrarium.
I didn't have time to pause
At your eyes reddened by insomnia,
Or at your lips tumescent
With hidden vices.

I embraced you blindly in my arms,
I melted you in fires
Unknown to me,
I changed you,
And resurrected you in pains,
I transformed you to an angel
With a silvery mantle,
I presented you all the sky, stars, and moon,
I gave you absolutely
Everything you didn't need or want.

Nicole Davidson

TROIS PETITS POINTS CÉRULÉEN

Trois petits points bleus céruléen
sous mon genou…

Une œuvre d'art tout droit sortie
de ton atelier

Un tatouage à l'encre bleue,
œuvre éphémère par le temps effacée

TRES PEQUEÑOS PUNTOS AZULES

Tres pequeños puntos azules
azules como el cielo sobre mis rodillas
Cansadas…

Una obra de arte sacada directamente
De tu atelier….

Un tatuaje con tinta azul
obra efímera borrada por el tiempo
y tres pequeños puntitos
sobre lazadas rodillas

Traducción Flavia Cosma

Carmen Doreal

Pictogramme

je ne sais pas t'aimer
je ne sais pas
je venais vers toi habillée
d'une robe d'effroi
tes mains eurent pitié et froid
elles me cherchaient parmi les cartes des ténèbres
dessinées dans la neige
telles des fleurs carnivores
serpentines
d'ici, de là
à tour de rôle
alphabet lascif
lyrisme abstractif
à la limite du désir mouvant
tu frappais les départs depuis le blanc sourd
avec l'ange oublié
je ne sais pas t'aimer, je ne sais pas
simplement la réalité est
pour les simples mortels
seule la fumée du souvenir
brise parfois une pierre
elle déferle avec cynisme
dans une crise tardive d'idéal
jeu frénétique abandonné
je ne sais pas t'aimer, je ne sais pas
tu seras sanctionné
avec des passions d'occasion
auxquelles je contribue
une fée blanche
entrée dans la mémoire
par la porte centrale tout comme
dans le pictogramme d'un tableau
impossible à oublier
je ne sais pas t'aimer
je ne sais pas

Traduction et version française: Nicole Pottier, Clava Nour

Pictograph
I don't know how to love you
I don't
I came toward you robbed
in a dress of fear
your merciful arms got cold
seeking me in maps of darkness
sketched in snow
like carnivorous flowers
winding here and there
one at a time
lascivious alphabet
lyricism abstracted
to the limit of restless desire
you used to strike the departures
from deaf white
with the forgotten angel
I don't know how to love you I don't
the reality is pure and simple
for the common mortals
the smoke of the memories
breaks a stone sometimes
and storms driven by a cynical mood
in a late lack of ideal
frenetic game abandoned
I don't know how to love you I don't
you will be fined
with occasional passions
to which I contribute
a white fairy
entered in memory
through the front door
like the pictograph of a painting
impossible to forget
I don't know how to love you
I don't

Translated by Luminita Suse

Hélène Dorion

Poème extrait de Les Murs de la grotte, Paris,
Éditions de La Différence, 1998.

Le jour décline, et l'arbre
enchâssé dans ses ombres
presse la mince couche de bleu.

Si maintenant je lève les yeux
et veille, tels ces blessés qui fléchissent
au portail des étoiles, si je lève les yeux
peut-être approcherai-je aussi
de cette destinée, – légère ascension
dans l'espace désolé.

Et le vent, maintenant le vent
sur la pierre oubliée, qui s'attarde.
Elle tombera bientôt, dans le magma d'autres pierres.

Ruines, ruines, disséminées dans l'histoire
—géométrie compliquée d'un monde
plongé dans la joie douloureuse du temps.

Saurai-je aussi me jeter
en moi-même comme en un puits, et sans filet
consentir à cette ombre qui pointe
vers d'autres lumières ?

Poem from No *End to the World*, Toronto, Guernica Editions, 2003.

The day wanes, and the tree
embedded in its shadows
presses on the thin coat of blue.

If now I raise my eyes
and watch, like the wounded who give way
before the gates of the stars, if I raise my eyes
perhaps I too will draw close
to that destiny – slight ascent
in the forlorn reaches of space.

And the wind, now the wind
upon the forgotten stone, that lingers.
It soon will fall, into the magma of other stones.

Ruins, ruins, scattered throughout history
–intricate geometry of a world
plunged into the painful joy of time.

Can I too throw myself
into myself as into a well and without a net
consent to this shadow pointing
toward other lights?

Translated by Daniel Sloate

Sharl Dubé

toi eau

faire la sourde oreille au silence
clamer plus fort que la raison
bruit déraisonnable du présent

l'être et la vie
le beau de l'être toi eau
l'âme de la vie

soleils captifs sous mes paupières
puisre-silence
amour tout court

flot berceur
chaleur mouillée
éternité déjà vue
dérision retournée contre tout dérive désirée
la vie m'aime, merci la vie

illusion merci aussi
merci hier
demain peut-être toi Analou
tous
complices renouvelés
permission enfin accordée
pluie fine, ondée
étau serré, archange ouvrier
pacotille des couleurs
des tissus des ondes
des fluides des courants
des énergies des canaux
des bracelets des pendules
soif d'agir, soif d'amour
soif de boire, toi eau

water

you who pretend
not hearing the silence
you who shout louder than reason
you, irrational noise of time present.
You, creature and life,
beauty of being, you, water,
you, the soul of life.

Suns, prisoners under my eyelids,
Then quietness again,
In short, love.

Wave cradle
warm wetness
eternity déjà-vu
derision turned against all deflection wished for
life loves me
thank you, life.
Thank you, illusion,
thanks yesterday
Tomorrow may be your turn, Analou
all is renewed complicity
permission finally granted
fine rain
in waves
serried vice, toiling angel
stock made of color, of tissues
of fluids and of rivers
of the energy of channels
of bracelets, of pendulums,

I am thirsty for action
thirsty for love
thirsty for drinking
this water.

Louise Dupré

Poème tiré du recueil *Tout près*
(Montréal, Éditions du Noroît, 1998)

Je ne suis de nulle part quand le ciel rétrécit, d'aucune forêt,
d'aucune ville, comme une femme assise dans sa petitesse de
femme et qui cherche son visage à travers une fenêtre camouflée.
Là, dans le souvenir de ma mort, de l'instant exact où la respiration
m'a quittée, je me berce sans faire de bruit, surprise de me
retrouver intacte dans la volonté du monde, d'offrir mon nom à la
morsure du soleil. Car il fait jour encore même si le jour a cessé et
je veille devant les bouquets des cimetières. Je me veille, tranquille,
parmi tant d'autres âmes qui n'ont pas su résister.

Muy cerca
(Montréal, Éditions du Noroît, 1998)

por Marina López Martínez
Universidad Jaume I de Castellón

No soy de ninguna parte cuando se estrecha el cielo, de ningún
bosque, de ninguna ciudad, como una mujer sentada en su
menudencia de mujer que busca sus rasgos a través de una ventana
camuflada. Allí, en el recuerdo de mi muerte, del instante exacto en
el que me abandonó la respiración, me mezo sin hacer ruido,
sorprendida por hallarme intacta en la voluntad del mundo, por
ofrecer mi nombre a la garra del sol. Porque todavía es de día, a
pesar de que el día haya declinado, y aguardo ante los ramos de los
cementerios. Velo por mí, tranquila, entre tantas almas que no han
sabido resistir.

Denis Emorine

Je me perdrai

Je me perdrai au fond de moi-même
Tout est déjà prévu
Le livre est fini
Je n'ai plus envie de tourner d'autres pages
D'obéir aux lois gravées dans la chair humaine.
Je ne crois plus à l'envol des mots
Mais à la disparition des astres
A la fermeture des lèvres scellées de sang.
Je suis toujours arrivé trop tard
Pour fermer les yeux des morts
Jadis
On murmurait à mon oreille ces mots consolateurs
Que je n'entendais pas
Je suis assis face à l'Histoire
Je voudrais lui tourner le dos
Mais je ne peux pas
Chaque mouvement m'arrache un gémissement
La neige me recouvrira un jour
Elle n'arrête pas de tomber
Depuis que je suis né
Depuis que mon père est mort souillé de solitude
Depuis que ma mère erre dans des forêts sans issue
Depuis que les yeux des déportés me font reculer
Au fond de ma cage.

I'll Get Lost

I'll get lost in the depths of myself
Everything is already settled;
I finished reading this book
I don't want to turn other pages anymore
Or obey laws engraved into human flesh.
I don't believe in the soaring of words anymore
But rather in the disappearance of stars,
In the shutting of mouths sealed in blood.
I had always arrived too late
To close the eyelids of the dead.
Once upon a time
Others whispered in my ears soothing words
That I didn't hear.
I sit facing History
and I would like to turn and run
but I can't
Every move makes me groan
Snow falls with no let up
Covering me up little by little
Ever since the day I was born
Ever since my father died messed up by solitude,
Ever since my mother wanders through the forests with no end,
Since the eyes of those exiled make me retire
Into the depths of my cage.

Translated by Flavia Cosma

Adrian Erbiceanu

Miroir dissimulé

« *Les choses se sont pulvérisées, pulvérisées…* »
Ioan Peia

Tout ce qui est gît, comme détaché d'un miroir,
tessons oppressant une âme mal à l'aise,
pensées qui s'efforcent *hivernalement* de m'avoir ;
cyclones déclenchés quand les paroles se taisent.

Quels sont ces ailes, ces rêves et ces pensées fondus
qui s'espacent sans que je puisse me recueillir,
quand le fil errant parmi voies indéfendues,
se love sur moi et m'empêche de m'affranchir.

Et pourtant, quand personne n'a l'air de venir guère,
pour tendre une main à travers le siècle des pluies,
il existe quelque part, profondément, une lumière :
c'est la lumière du miroir en nous enfoui !

Traduction: Constantin Frosin

A hidden mirror

"The things have broken, all have broken..."
Ioan Peia

All is strewn, alone, as from a broken mirror,
Shards digging into an addled soul gone astray,
Hoary thoughts. Sibylline, drawing ever nearer,
Tempests riled when words, to silence, have fallen prey.

What wings, what dreams, what deliquesced thoughts forgotten
Are gliding without a hope for my revival,
When a broken thread, through sanctioned paths that broaden
Starts to circumscribe, denying me survival.

And yet, when nobody appears to be coming,
A hand stretches across the never ending rains,
And there, in the depths, a gentle light is humming:
The light of the mirror that courses through our veins!

Translation: Frederick Erbiceanu

Anna Louise E. Fontaine

Le mystère

dédiée à investir ton mystère
        vêtue d'inconnu
               vierge et ingénue
        de mes pieds sanctifiés
        foulant le temps comme serpent
               déroulant la mort jusqu'à l'origine
               devenant source
                       je pétris sur ton corps le premier homme
                       lui insuffle le désir du voyage en lui-même
                       miroir de son reflet
                       pèlerin cheminant en son âme
                            multiples itinéraires
                                 vers un seul
instant éternel

là où nous abordons le silence
        où l'extase nous chavire comme un parfum enivrant
               sacrifiant toute mémoire jusqu'au futur
               ayant pardonné au temps
               et emprunté l'envers de son décor
                       pour réconcilier les présents naissants
                              qui nous inventent sans faute
aucune

nous aurons terrassé les dragons
        dévoré les ponts
        et déposé sur nos lèvres nos coeurs inquiets
               résignés aux destins
                       qui s'échangeaient nos regards
        sans hâte
        délestés des attentes
        défiant de nos peaux nues
               l'orgueilleuse solitude

jamais plus ne refermerai les mains
et te caresserai tant et si bien
    que tu rouleras, ivre mort,
    au creux des vagues qui nous déferlent
    et nous brisent sur le vertigineux présent
        jouets désarticulés
            d'un implacable dieu
                qui nous a prêté parole

nous fuirons à l'aube secrète
et laisserons pantois
    le sort incrédule
nous naviguerons sur nos corps à voile
    sans carte ni gouvernail
        aux confins de nous-mêmes
            insolents, ravis et tout-puissants
            enfants désobéissants
            nous renaîtrons d'un matin à l'autre
                et inventerons la liberté
                sans autre référence
                que notre impudique confiance

Jacobo Fijman

Poema

Demencia:
el camino más alto y más desierto.
Oficio de las máscaras absurdas; pero tan humanas.
Roncan los extravíos;
tosen las muecas
y descargan sus golpes
afónicas lamentaciones.
Semblantes inflamados;
dilatación vidriosa de los ojos
en el camino más alto y más desierto.
Se erizan los cabellos del espanto.
La mucha luz alaba su inocencia.
El patio del hospicio es como un banco
a lo largo del muro.
Cuerdas de los silencios más eternos.
Me hago la señal de la cruz a pesar de ser judío.
¿A quién llamar?
¿A quién llamar desde el camino
tan alto y tan desierto?
Se acerca Dios en pilchas de loquero,
y ahorca mi gañote
con sus enormes manos sarmentosas;
y mi canto se enrosca en el desierto.
¡Piedad!

(De "Molino Rojo")

Poème

Démence:
Le chemin le plus haut et plus désert.
Métier des masques absurdes; mais tellement humains.
Ronflent les égarements;
toussent les grimaces
et déchargent les coups
les lamentations aphones
Visages boursoufflés;
dilatation vitreuse des yeux
dans le chemin le plus haut et le plus désert.
Les cheveux se dressent d'épouvante.
La lumière de trop fait éloge de son innocence.
Le patio de l'hospice est comme un banc
au long du mur.
Cordes de silence éternelles.
Je me fais le signe de la croix bien que je sois juif.
¿Qui appeler?
¿Qui appeler depuis le chemin
Si haut et si désert?
Dieu s'approche fringué comme un dingue,
et tord mon gosier
avec ses énormes mains sarmenteuses;
et mon chant s'enroule dans le désert.
¡Pitié!

Traduction en français: José Muchnik, Nicole Barrière

Antoine Gravel-Bilodeau

Aujourd'hui

Aujourd'hui
Je resterais couché,
Couché dans mon amplitude
Solitude sans attitude
Penserais-je à toi?
Je le fais déjà ...
Douze heures
Elles me paraissent
Interminables
J'ai l'air minable dans mon coin ...
Si tu veux, viens!
Mais non, tu ne me veux point,
Vais-je un jour comprendre?
Non!
Je me sens chimiquement intérieurement
Une substance s'est infiltrée
La cadence je ne suis plus
Je ne suis plus euphorique
Les moments ne sont plus magiques
Je tente de rester théorique
Mes larmes sont noires
Je ne sais plus si je veux y croire ...
Ma mort approche,
Je suis croche
Ma démarche est chambranlante
Mes pensées sont lentes
Je brûle intérieurement
Heureusement
Tu es là, mais ...
Absente
Absinthe, je boirai
À ta santé!
Les yeux fermés,
À jamais ...

El Sueño negro

Hoy
Voy a quedarme acostado,
Acostado en mi amplitud.
Soledad,
Sin ninguna actitud.
Pensare en ti?
Lo hago ya…
12 horas mas que me parecen sin fin.
Desgraciado, me quedo en mi rincon…
Si te da ganas de venir, venga!
Pero no, tu no vendras mas;
Que es lo que hago?
Puede ser que un dia lo voy a entender?
No lo creo!
Me siento como envenenado dentro de mi.
Una substancia se ha infiltrado alla
No soy mas un ritmo,
No siento ninguna euphoria.
Mis momentos han terminado de ser magicos,
Trato de quedarme teorico.
Mis lagrimas son negras.
No lo se mas si querro continuar a creer
Mi muerte se acerca
Mis pasos hesitan
Mis pensiamentos son lentos
Me quemo por dentro
Por fortuna tu estas aqui
Pero ausente
Voy a brindar ajenjo a la tu salud
Con mis ojos cerrados por siempre.

Traduccion de Flavia Cosma y Mirian Caloretti

Talleen Hacikyan

The Birdman of Courville

Jenna Moran folds a black paper footprint into an origami crane. On its wing she writes, *Open and the truth will unfold.* She tucks the hand-sized bird into a yellow envelope lined with plastic bubbles. She mails it to Adrian Berkett.

Five days later, a prison guard in Baton Rouge, Louisiana, brings that envelope to Adrian's cell in Block D of Courville State Penitentiary. Inside the envelope Adrian finds a paper bird. He unfolds it. A tiny footprint appears. There is a space between the big toe and the four dots of toes. Below a smudged heel he reads, *Shawn Peter Moran, six weeks old.*

On the flip side, there is a letter written by Jenna. She explains that Shawn is Adrian's son. After the initial shock subsides, Adrian is not sure how the news makes him feel.

One thing is for sure. The bird helps Adrian kill time. He spends hours studying its folds and learns how to make a crane. Then he creates other species. His favorites are the miniature silver birds folded from cigarette paper—a flock of aluminum seagulls.

Hardly a month passes. Adrian has made four hundred forty-two birds. He suspends them with thread from the ceiling of his cell. Lying on his bed at night, he stares at them for a while and blows in their direction. After a few seconds they start twirling in place.

L'homme aux oiseaux de Courville

Jenna Moran plie l'empreinte d'un pied sur un papier noir pour en faire une cigogne origami. Sur les ailes, elle écrit : *Ouvrez et la vérité se déploiera.* Elle glisse l'oiseau de la taille d'une main dans une enveloppe jaune, doublée de papier bulle. Elle l'envoie à Adrian Berkett.

Cinq jours plus tard, un gardien de prison de Baton Rouge, en Louisiane, apporte l'enveloppe dans la cellule d'Adrian, au bloc D du Pénitencier d'État de Courville. À l'intérieur de l'enveloppe, Adrian trouve un papier en forme d'oiseau. Il le déplie. Un minuscule empreinte de pied apparait. Un espace sépare le gros orteil des quatre autres orteils en pointillés. Sous un talon tacheté, il lit : *Shawn Peter Moran, 6 semaines.*

Au revers, il découvre une lettre de Jenna. Elle explique que Shawn est le fils d'Adrian. Une fois le premier choc passé, Adrian ne sait plus trop comment réagir à la nouvelle.

Une chose est certaine pourtant. L'oiseau aide Adrian à tuer le temps. Il passe des heures à étudier les pliures et apprend à faire une cigogne. Puis il se met à créer d'autres espèces. Ses préférées sont les miniatures d'oiseaux en argent pliées avec du papier à cigarette—une volée de mouettes en aluminium.

À peine un mois passe. Adrian a fait quatre cent quarante-deux oiseaux. Il les suspend à des ficelles du haut du plafond de sa cellule. Allongé sur son lit, le soir, il les regarde longuement et souffle vers eux. Quelques secondes plus tard, ils s'animent en tournoyant sur place.

Traduction en français Brigitte Chabert Hacikyan

Eva Halus

Face à face

Bonjour, ma vie, je suis seul
Combien de temps tu as embellissait mon cœur
Avec l`amour (Q)
Aujourd`hui on reste toutes les deux, de nouveau,
La somme de qui j`étais, de qui je suis.
Tu ne me dis aucun mot : je dois découvrir tout seul
Qu`est-ce que se cache dans les rides
D`une mère si vieille,
Mais dans ton sourire éternel
Je vois ta promesse
Et je sens le courage de te sourire de retour
N`importe pas aux quelles mirages tu penses.
La vérité je la vois maintenant :
Juste les pas que je m`imagine sur ton chemin
Sont reflétés de retour à moi.
Ne me querelle pas Mère Vie
Je t`aime!

Face to face

Hello, my life, I am alone,
How many times did you adorn my soul
With love, love, love (Q)
Today we stay both again, face to face
Contemplating a sum of who I was, of who I am.
You don`t tell me a thing: I have to discover all alone
What hides in the wrinkles of a mother so old,
But in your eternal smile I see the promise
And I feel the courage to smile to you
Whatever mirages you plan.
The truth I see it now:
Just what I imagine about your way
You mirror back to me.
You show me now, plainly, your face
In a big light, where Heaven and Grace
Melt with the Earth in a total embrace.
Don`t scorn me Mother Life
I love you!

Hugh Hazelton

les mains de la mer

la lumière de la lune
gagne la marée montante
et mes doigts glissent sur
tes seins qui remuent au-dessous
des visages assombris des vagues
qui se brisent reluisantes
sur les crêtes pâles
le sable frémit sous
des langues chaudes d'écume salée
qui s'étendent et descendent
tes cuisses ouvertes
les courants se jettent
atteignent l'intérieur des dunes qui s'élèvent
reculent se soulèvent s'élancent
sur l'humide qui brille
au plus intime
de la rencontre avec la marée croissante
en suspens se brise avançant s'écrase
embruns déchirés puis élevés par le vent de la nuit
sable à la dérive
sous les étoiles qui reviennent

wavesand

moonlight spreads
over incoming tide
and my fingers slide across
your breasts shifting beneath
darkened faces of waves
that break glistening
across pale ridges
sand trembles under
tongues of warm salt foam
spread and recede
over open thighs
currents rush covering
reach inward to the rising dunes
pulled back again surge thrown
upon wet shining
that meets the gathering wave
of inmost tide
suspended breaking forward crashes
spray torn away and lifted on the night wind
sand drifting
under the returning stars

Louis-Philippe Hébert

PARCE QU'ÉCRIRE *(fragment)*

Si on te demande
pourquoi j'ai fait ceci
pourquoi j'ai fait cela
tu répondras :
« parce qu'écrire »

toi, tu comprends mon jargon
mes phrases pas complétées
pourquoi il est entré ici
pourquoi il n'est pas resté là
pourquoi il s'est assis sur cette chaise
pourquoi il n'a pas voulu bouger
tant qu'il n'avait pas mis le point final
à une obscure poésie
tu répondras :
« parce qu'écrire »
....
et si on te révèle que j'ai été un amant infidèle
ou un père aimant, peu importe
que je n'ai pas pleuré quand j'aurais pu
que j'ai tant pleuré quand je n'aurais pas dû
est-ce un mystère
que je ne comprenne rien au cinéma
que je rie au mauvais endroits
durant les films
où tout le monde pleure

pourquoi j'ai si souvent plié bagages
pour de jamais assez lointaines contrées
et pourquoi je suis toujours rentré
dans ce pays qui m'enrage
pourquoi je n'ai pas écouté
les trop heureux
les trop peureux
pourquoi je n'ai pas voulu entendre raison
quand ils me répétaient de me calmer

à l'unisson
« parce qu'écrire »
c'est ce que tu diras

et si certains fâcheux, des ennuyeux
des malpolis veulent plus de détails
des imbéciles
te demandent encore des explications
des pourquoi, des comment
pourquoi j'ai quitté la maison
comment j'ai vécu
de quoi j'ai pu vivre
pourquoi je ne suis pas revenu
pourquoi j'ai été si triste après l'avoir fait
et toi aussi, tu l'étais
tellement

sur un ton sans réplique
tu leur répondras :
« parce qu'écrire »
parce que toi
qui en as souffert autant que moi
certainement, sinon plus
toi, tu le sais que
« parce qu'écrire»
s'écrit parfois
« parce qu'aimer »

Clelia Ifrim

The little dairy maid

The most beautiful tree of the wood said:
—No woodcutter will touch me.
His axe will tremble in his hand.
Just so it happened.
The tree lived a thousand years
happy and alone.
One day he said again:
—Nor will the lightning burn me.
It will go round me.
Just so it happed.
The tree lived for another thousand years
happy an alone.
One day he bragged to the earth full of ants.
—Nor will they eat from me.
I'll not be a dust of rot.
Just so it happened.
The ants forgot about him for a thousand years.

One morning when blue moon
was hanging in the sky
appeared a thin being
like a sheeted fieldess
with two small and round light lamps
on her breast.
The tree said nothing.
He died a thousand years
every morning waiting
for the little dairy maid.

La petite laitière

Le plus bel arbre de la forêt disait :
—Aucun bûcheron ne me touchera.
Sa hache tremblera dans sa main.
Il en fut ainsi. Il vécut un millier d'années.
heureux et solitaire.
Puis un jour, il recommença :
—Aucun éclair ne me consumera de son feu.
Il restera à me tourner autour.
Il en fut ainsi. Il vécut encore un millier d'années.
toujours aussi heureux et solitaire.
Il se vanta même auprès de la terre pleine de fourmis :
—Elles non plus ne mangeront pas un seul morceau de moi.
Je ne serai pas un tas de poussière en putréfaction.
Il en fut ainsi. Les fourmis l'oublièrent un millier d'années.

Un matin, alors que la lune était suspendue dans le ciel,
toute bleue,
apparut une créature mince et élancée comme une plaine
portant sur la poitrine deux petites lanternes rondes.
L'arbre ne dit rien.
Il mourut un millier d'années
à force d'attendre chaque matin
la petite laitière.

Traduction en français Nicole Pottier

Jeanne Jutras

Surprenez-moi, poète
Capteur invisible du rêve,
Mystérieux baladin de l'infini,
Intarissable parolier du vivant,
Alchimiste de l'imperfection humaine
Canal ouvert au grand Esprit
Tremplin pour saisir le possible
Méditatif amoureux de l'amour,
Surprenez-moi encore, poète!
Estimez-vous en or massif, véritable géant,
Monument du passé au présent.
Et, immense phare sécurisant,
Projetez toute votre lumière en avant.
Faites vibrer le verbe car vous êtes instrument…
Pleurez, poètes, à travers vos mots!

¡Sorpréndame poeta!
Invisible captador de sueños
Misterioso juglar del infinito,
Inagotable autor viviente
Alquimista de la imperfección humana
Canal abierto al gran Espíritu
Trampolín para alcanzar lo posible
Enamorado meditabundo del amor,
¡Sorpréndame otra vez poeta!
Considérese un verdadero gigante de oro macizo,
Monumento del pasado al presente
Y, un faro inmenso tranquilizador,
Proyecte adelante toda su luz
Haga vibrar el verbo porque usted poeta es su instrumento…
Llore, poeta, a través de sus palabras.

Traductrice: Lilia Noriega Lévesque

Anna Levine

Sur cette carte du monde

je reste inachevée
un espace sans couleur
qui attend qu'une main—la tienne ?
me forme.

Dessine mon arc méridien.
Imagine le zénith,
dépendant
du flux et reflux
du temps
et des marées

Donne-moi des contours.
Trace des montagnes et des vallées.
Rajoute des légendes.
Prends toutes les couleurs du spectre.

Fais de moi un continent.

Traduction en français Shahar Fineberg

On This Map of the World

I am unfilled
color-less space
waiting for some hand—your hand?
to shape me.

Map my meridian arc.
Imagine the zenith,
dependent
upon the ebb
and flow
of time
and tides

Give me contours.
Chart mountains and valleys.
Insert legends.
Use all colors of the spectrum.

Create of me a continent.

Ana López

Sleepless *(fragment)*

She brushed her teeth, but she can still feel the taste of the two cigarettes she smoked with him. Seeing him again was a sort of revenge. Something like "see, kid, you were going to fall back into this, it was just a matter of time." It wasn't even that good. The sex was, though. But only just. New sex, or halfway new, supposedly can't be bad. In any case it was everything else that didn't go so well. Even everything she'd done to see him, somewhat unnecessarily, more for revenge.

She hears her husband's breathing; he's sleeping on the right side. The more she concentrates on his breath, the less she can sleep. His breath is rhythmical, soft, but it seems to move into the mattress, the pillows. She runs her tongue through her palate and feels the taste of smoke again, and with the taste of smoke the smell of the hotel returns to her nose.

She doesn't really know why she slept with him this time. Actually, she doesn't know about the last time either. She's not even completely certain of who sought out whom. She knows that she played into the game. Far too quickly. Too quickly? The flirting lasted from June to February and was at times as soft as her husband's breathing, which still alters her sleep. She knew she was getting into trouble the first time and it was by pure chance that it turned out fine. All that was missing was for the kid to fall in love. Her husband, asleep, hugs her from behind. She knows that she has to allow it, that it's just a few minutes and then she'll be able to free herself without altering the order of the night. When she got home, he was still in the study, working. It gave her enough time to take off all the make-up, brush her teeth, ball up the dress and tights and put on the warm blue nightdress. The nun's nightdress, as her husband calls it. The cold is a good excuse to wear it. And it's also a clear sign.

She thinks of the kid. And, now, she thinks that he isn't that much of a kid anyway. He's ten years younger than her. And he's not completely in shape. But she only knows that now that she slept with him. Today was better than the first time anyway. But only just.

Why the need to get involved? It killed her to be ignored after the first time, back in February. Especially after so much of a show, so many sickly-sweet words about how wonderful she is. And after that, sudden silence. The kid is clever, she'll give him that.

She softly disentangles herself from her husband's embrace and strokes his head. She gets up, walks over to the bathroom, looks in the mirror. She knows that this sleepless night will show tomorrow. She peeks in the doorframe of her son's bedroom and goes back to bed. And now Toni.Because the problem, now, in her head, is Toni. She'll see about the kid. But Toni's appearance is of a different caliber.

She looks at the clock: it's ten past three. Tomorrow at work, she'll have to face all the bureaucratic issues she's been pushing back for about ten days. And tie her hands in order not to call Toni. Because if she goes through with it, she'll get entangled in all of that in two minutes. And Toni isn't the kid, she'll want to get involved with Toni.

She still feels the taste of the cigarette. That bothers her especially. It brings her back to the evening. Suddenly she remembers the tattoos. It's the first time -okay, the second- that she sleeps with someone who has tattoos. Her husband would never have thought of getting a tattoo. Neither would Toni. She thinks. She doesn't have to think about Toni. The kid is shy about his body. She finds that funny. He fucked her practically with the lights off.

Her husband turns around on the bed and she straightens the covers. She feels him rearranging, one long sigh in the middle of soft breathing. She can't say now that she's not sleeping because of his breathing. She'd prefer a different type of insomnia. Insomnia without anxiety.

She doesn't want to think about Toni anymore. And she only wants to think about Toni.

She hears her son whimpering in the room down the hall. She gets up again, goes over to him, picks up the sheep he uses to sleep from the floor and arranges it on his bed; she thinks that she has to take him to get his hair cut and turns off his bedside lamp, which is always left on.

She prefers not to look at the clock: it's as bad for it to be six o'clock as it is for it to be twenty past three. She thinks about Toni. And that sleepless nights aren't good moments for decisions.

Frédérique Marleau

photoshop-moi
dessine-moi la taille
remonte-moi mes seins
grossis-les
mets-moi du rouge sur les lèvres
gonfle-les
trace une ligne noire au-dessus des cils
mets-moi une touche de mascara
n'oublie pas
de simuler le déchirement
de la peau des paupières avec du fard criard
n'oublie pas le fond de teint
uniformise-moi
avoir l'air mat c'est important
uniformise-moi
enlève-moi ce bourrelet jugé laid
lisse-moi tout le corps
fais des adieux aux cruelles aspérités
aux défauts d'un corps loin de la conformité
passés à ta loi du photoshop
maquille en squelette le gras du bras ballant
et non pas le bras du gars galant
qui lui s'en balance
il veut des muscles à la place du cerveau
cache cache les défauts
enterre-les sous une pile de draps
colore de rose les coussins autour
fais-moi plastique du dolorama
image parfaite
dépression soignée
psychose implosée
quand tu auras fini de me déguiser
en moi photoshopée
et que plus jamais je ne bougerai
il ne me restera plus qu'à rêver d'une vie réelle
avec des os, du bruit
de la chair qui remue
mobile parmi l'image des champs de blés en broussaille

ah oui, j'avais oublié
fais-moi une coupe de cheveux
seventies
que je me dégoûte un peu

pour en finir
tu m'ôteras le sourire
trop grand
me donneras des airs sérieux
afin de survivre
dans ce labyrinthe d'images soignées
de Psyché en cage
à côté des clones tristes à en mourir
de la lignée des humains en série
placardée sur les murs des pharmacies
des poteaux des panneaux réclame
au secours! je ne peux plus bouger
je t'en supplie laisse-moi être ridée
les plis de la sagesse et du sourire
je ne veux pas mourir
d'être trop parfaite
je veux des défauts
me planter quand c'est trop clinique
et pas poétique
je ne veux pas m'éteindre dans un château de cartes à puces
de l'autre côté de la caméra
le minotaure m'attend
je le vois
il me tend les bras
laisse-moi les émotions
les combats à bras-le-corps
à l'autre bout de moi
vois je crie, je vis
je dis encore
photoshop-moi
mais ne me vends plus
ne me vend pas

Gilles Matte

INCONFORT

pour surprendre les colombages qui échafaudent le dortoir
fermer la radio et ses usines
donner des pieds et des mains dans le silence cette bouture de
cathédrale
il y a des jours où le cri le plus bleu est la seule preuve du silence
on sous-estime la volonté du scaphandre à s'entendre respirer
on peut le dessiner comme un homme assis par terre les doigts
dans les oreilles
on l'imagine aussi se faire casser les doigts
et ne plus écrire que du bout des lèvres

INCOGNITOS

la vague use le jour sur ses papilles de gravier
le poète copie ses copies de silence
les jambes de la lumière traînent le soir sur cette flambée de sable
il ne reste pas beaucoup de mots pour bégayer
il reste
les tout petits gestes qui hurlent
avec des voix de tulipes feutrées
ces chemins ne mènent nulle part
nous éclairent seulement à quelques pieds de l'invisible
et de la folle envie de danser

Felicia Mihali

Nine Steps to Riches
A practical guide for new Canadians (Fragment)

Here are a few practical steps that newcomers should take in order
to become wealthy. They will guide you from your arrival in this
country until the end of your wealthy life.

Step 1
Arrival: Save your pennies

When you first set foot in this country, stash your pride out of the
way.

Everything you touch and everything you buy must be cheap.
Your first task is to find a cheap apartment in a modest
neighbourhood. You'll soon find out that Canadians spend the
biggest chunk of their income on housing. You need a modest
apartment, but not too modest. Not the best neighbourhood, but
not the sketchiest part of town, either.

When you first arrive, you probably think it would be a good idea
to live near others like you. You'll look for a building inhabited by
other people from your country. They come from a tradition of
hospitality you're familiar with, and you figure they'll help look
after you and open doors for you. Forget it. You will soon become
annoyed with their ideas, their political views, their relations with
the old country, the way they treat their wives, the way they're
bringing up their kids. They will be a pain in the neck. Figure things
out for yourself, and keep them at a distance. You won't be able to
avoid them later on.

Once you have your own key, you're going to wonder what sort of
stuff it should be protecting inside your pad. For the first few days,
it's fine to sleep on the floor and eat off a box instead of a table.
You can use your suitcase as a drawer and feed your family cold
food. If you have no kitchen utensils, you can buy bread, cheese,
milk, sausages, and fruit at the corner store. I suggest you not
overload your luggage with kitchen utensils. You have more
precious things to bring with you than frying pans, cutlery, and
dishes.

Don't be in a hurry to furnish your house; what you buy in haste
will be the first things you throw away when you move. So live like
pioneers. Spend your nights on the living room floor the way the
first settlers to this country did on the hard earth.

The day after their arrival, most people go to a big supermarket and start buying furniture, appliances, a TV, towels, kitchenware, toys for the kids, shoes for the wife, a computer for the husband. This is a big mistake.

The paltry amount of money you and your overseas family spent half a lifetime saving up for will vanish in a trice. And becoming penniless is a bad idea, not least because it will lead you to make bad decisions later on. Your main goal for the first months in this country should be to save your pennies.

So what are the alternatives? Second-hand shops like Salvation Army and Goodwill stores, for a start. In a single visit, you can buy everything you need to fill your entire apartment. You will need to have it all delivered, so get as much as you can in one go. For less than $200 dollars, you'll have furnished your apartment with better things than you had back home.

For items you cannot find on the spot, go to garage sales or wander the streets in your neighbourhood on garbage days. You will be astonished of the quantity and quality of stuff people get rid of in order to purchase new things.

I know you could argue that that old stuff is not to your taste or that it's humiliating for someone with your background to resort to second-hand goods. Your taste and your background will be discredited many times in the years to come. This is a good time to start getting used to that.

And to multiculturalism. Your home here will be a patchwork just like Canada. Buying used goods will be your first experience of the diversity this country is forever touting.

You'll be amazed at what people who are rich – or richer, anyway – get rid of just to make room to buy more expensive things. And at how well these disparate glass coffee tables, box mattresses, oriental rugs, and vintage lamps go together. As for dishes, you can consider yourself really spoiled with porcelain plates from Japan, tea cups from England, crystal from Bohemia. At the Salvation Army, for next to nothing, you can purchase what tourists spend a fortune on in antique shops.Pride is the most damaging feeling for a newcomer. It's very expensive, as well. If you have any pride, just keep it for some better purpose.

Ljubica Milicevic

Wittgenstein et sa fleur

Silencieuse est la poussée du jasmin d'hiver car elle appartient au regard déclara le philosophe qui devint jardinier plus qu'à demi déjà enterré dans sa dépression. la lumière matinale provenait d'une lampe à poche, croyait-il alors. sur le chemin de la guérison face au soleil levant il qualifia la lumière indescriptible. inutile d'utiliser des mots tels que briller chatoyer miroiter scintiller éblouir pour décrire une éphémère pulsion érotique dit-il entrant dans la obscurité. l'obscurité bien sûr n'était qu'intérieure puisqu'il demeura dans son étude jusqu'au matin suivant où il vécut une étrange expérience. ses yeux étaient grands ouverts et tout à coup il vit la photographie de sa belle et néanmoins lointaine épouse. rien qu'une image pensa-t-il. Depuis qu'elle m'a quitté se dit-il je ne peux plus greffer les traits de la photo à la réalité et secouant la terre de ses mains il n'en ressentit aucun regret.

Wittgenstein's flower

the growing of winter jasmine cannot make noise for it can only be
seen according to the philosopher that became gardener after he
suffered from severe bouts of depression. the morning as the
phenomenon in itself he believed to be made by flashlight. then
when he got better he declared looking at the rising sun that the
light is something indescribable. I cannot use words such as glitter
shine glimmer scintillate dazzle for the transient erotic pulsation he
said going out in the darkness. the darkness of course was not
outside since he didn't leave his study until next morning when he
had the strange experience. his eyes were wide open and all of the
sudden he saw a photograph of his beautiful but estranged wife
thinking it's an image only. Since she left me I cannot compare her
picture with reality he concluded feeling no regrets.

Gertrude Millaire

Mémoire d'automne
à ma mère

Il y a longtemps, très longtemps
enfin, à peine quelque temps
quelques jours à peine
hier peut-être
détraquée
l'horloge a perdu ses heures
les années ont glissé
hors du temps
mais toujours cet instant est resté
comme un instant démesuré
bruit de porcelaine brisée
contre l'infinie muraille rongée
par les mythes trop lourds
 les aiguilles coincées
dans une maille comme une faille
dans la peau du temps.
Emportés ses secrets
 jaunis sous l'attente trompée
trop pâle étoile
d'une galaxie affolée
à jamais enfuie
 sous une terre frileuse de novembre.

Fall memory
for my mother

A long time ago, very long time ago
Finally short time
Nearly a few days
Maybe yesterday
Fool
The clock lost hours
Years went by
Out of time
But that moment always stayed
Like an excessive moment
Noise of a broken porcelain
Against the boundless wall eaten away
By deep myths
Stuck needles
In a stitch like a fault
In the skin time
Her secrets carried away
Yellowed under an unfaithful wait
So pale star
From an insane galaxy
Forever buried
Under the cold earth of November

Traduction Geneviève Calvé

Gloria Mindock

Bird

I swallow words because my teeth are hollow.
There is no apprehension in my breath.
It would be a mistake and the enemy would know
to slash me. I have to re-stage my life, each day
pretending with different portraits daily.
If indecisive, my flesh will burn.
I must be safe and wait for peace
to wrap its white wings around me,
holding me like God does when communion is taken.
How can my tongue be still, perfection is needed to rip
the soil away from my grave.

L'oiseau

J'avale des mots parce que mes dents sont creuses.
Il n'y a pas d'appréhension dans ma respiration
Ce serait une erreur et l'ennemi le saurait
Et il en profiterait pour me supprimer.
Chaque jour je dois remettre en scène ma vie,
Faire semblant avec des portraits différents chaque jour.
Si je me montre indécise, ma chair va être brûlée.
Je dois être à l'abri en attendant que la paix
M'enveloppe de ses ailes blanches,
en m'embrassant tout comme Dieu le fait quand on communie.
Comment ma langue se taira-t-elle ? On a besoin d'être parfait
pour arracher
La terre de mon tombeau.

Traduction en français Flavia Cosma et Denis Emorine

Michael Mirolla

En attendant les voleurs qui viennent dans la nuit

Dans une lumière de particules denses,
vous êtes assis, déchaîné envers la trahison du monde.
Il fut un temps, vous le reconnaissez,
où rien ne pouvait vous toucher, pas même
les ouvertures épisodiques qui laissaient une vue
sur la cour. Vous regardiez – yeux de biche-
les tâches de la tomate mûre, la lourdeur des grappes sans retenue,
un petit bout de gazon ajusté
au ventre de la terre.

Maintenant, vous êtes assis et attendez la venue des voleurs, les
yeux scrutant le feuillage obscur,
fixés sur l'endroit où les fruits balancent
avec précision, un noyau de douceur.

Laissons-les venir, murmurez-vous,
les mains agitées,
derrière un rideau apathique.

Le temps qui vous morcelle se dévide pour toujours.
Et leur rire est un rire aveugle qui virevolte dans l'air lourd.
Mais pas un n'échappe au focus de votre vision,
Dans ce piège cristallin.

Pas même vous.

Traduction en français David Brême

Waiting For The Thieves To Come In The Night

In a light composed thickly of particles
you sit, railing at the world's betrayal.
There was a time, you admit,
when nothing could touch you, not even
the occasional openings left for a view
of the yard. You watched – doe-eyed – splotches
of tomato ripen, the harsh unleavened grapes,
a little broken sod fitted
to the earth's underbelly.

Now, you sit and wait for the thieves
to come, eyes straining in the leafy dark,
fixed to the spot where the fruit dangles
so precisely, a core of sweetness.
Let them come, you murmur, hands twitching
behind a listless curtain.
The time dividing you unwinds forever.
And theirs is a blind laughter
that swirls in the dense air. But
no one escapes the knowledge of your lens,
the crystalline trap.

Not even you.

Pierre Mondou (Le Pierrot de Lune)

LE RÊVE

Le rêve est cet enfant
Dont on laisse les mains
Et tous ces chants au loin
Qui résonnent au matin

Le rêve est ce tunnel
Creusé à même le ciel
Tous ces bouts de chandelles
Allumés au sommeil

Sa vie est faite de verre
De cristaux de lumière
Une eau qui coule fière
Aux pieds des fenêtres

Il est tout ce qui est
Baume à toute plaie
Et coup de vent
À tout feu du moment

Il est flagrance et parfum
Aux désirs défunts
Cet oiseau blessé
Qui ne craint de voler

Le rêve est ce demain
Qu'on voudrait voir enfin
Et tous ces hiers
Qu'on garderait en main

Il est ce nuage
Qui, ma foi, étonne
Cette vie qui tonne
En coloris d'automne

À tout soleil levant
Il signe ses romans
Laissant aux amants
Leur amour de printemps

On le dit magique
Féérique, chimérique
Il naît à d'autres terres
Sous le dos des paupières

Enfin, il ne se garde
Qu'en des lieux incertains
Et bien qu'il n'ait de mains
On le dit bien humain

Ofelia de Santos (O. Uta Burcea)

Envie de partir

Apprenant
à aimer dans une langue différente
j'ai quitté ma peau
pour pouvoir envelopper
la tienne
J'ai écorché sur elle
comme sur l'écorce des arbres
des signes diacritiques et des dilemmes.
Ensuite, je suis partie.
Le goût tout en nage
et la goutte de miel dans le sein,
Je tourne d'un côté à l'autre
dans le destin
comme une broche sur la braise
Ne pleure pas
Écris des poèmes,
Mange un peu
de chocolat
dans une langue étrangère...
Niche-toi,
évitant le gaspillage émotif,
quand
du milieu du temps perdu,
et de toutes tes forces,
tu as envie de partir,
une envie très salée
comme le souvenir
d'une coquille, de mer.

Traduction en français par Mihaela Corina Petrache

Ganas de partir

Aprendiendo
amar en otra lengua
he quitado mi piel
para poder cubrir
la tuya.
He rasguñado sobre ella
como sobre una corteza de árbol,
diacríticos y dilemas.
Después me fui.
Con un sabor de mucho sudor
y con la gota de miel en mi pecho,
doy vueltas y vueltas
en el destino
como un asador en el fuego.
No llorar,
escribir poemas,
comer un poco de chocolate
en una lengua extranjera…
Acurrucarse
evitando el desperdicio emocional
cuando
del centro de tu tiempo pasado,
y de todas tus poderes
te salen ganas de salir,
unas muy saladas ganas,
como el recuerdo
de una concha, del mar.

Mel Sarnese

Reading the Poet's Face

Every line—a rod curve taken
when the moon is aglow
when it is covered
Sunrise is long ahead
with hanging pearl-strung days uncertain

My poetic sky cleaves desire
in my horizon
Rhythmic breaths slip
as the moon divides the night
and thunder tremors bring home
wing-tipped combs

En Lisant Le Visage du Poète

Chaque ride comme une courbe en forme de tige, prise
Quand la lune est embrasée
Quand elle est couverte
Et l'aube est encore lointaine
Avec son collier de jours incertains, enfilés comme des perles

Mon ciel poétique fend le désir
A l'horizon
Les souffles rythmiques glissent
Pendant que la lune éclipse la nuit
Et les tremblements de tonnerre ramènent
Des peignes aux pointes garnies d'ailes

Traduction en français Josie Di Sciascio Andrews

N. A'Yara Stein

Autoportrait a la table
~ un portrait de Kathe Kollwitz 1912

Je me tenais devant cette femme, je la regardais
—Mon propre visage, le jour où j'ai commencé à mourir—
et nous avons pleuré et nous avons séché nos larmes.

Des traits presque gravés avec de l'acide, autour des yeux
tant de tristes pensées, d'isolement, de silence;
le noir et blanc simplifie l'intime.

La lumière qui n'est pas est liée à la nuit;
Craindre le vide, vaincre, cette vieille contagion.
Mon monde intérieur est le seul monde
et en dedans, nos cœurs battent à l'unisson.

Translation by: David Jasmin Barrière, French-Canadian poet

Self Portrait at Table
~ painting by Kathe Kollwitz 1912

I stood before the woman, looked at her
—My own face, the day I started dying—
and wept and stroked our cheeks.

Lines etch like acid around the eyes
such sad thoughts of isolation and silence;
this black and white, it simplifies the intimate.

What light there isn't is inked in like night;
The fear of emptiness, overcome, that old contagion.
The world inside me is the only world
And in it, we are joined.

Sandra Stephenson (Czandra Mostly)

Troisième partie

Comment protège-t-elle, la loi,
une femme témoin meurtrie déjà
de peur de la logique du témoignage?
Devant le juge, elle révèle pour tous
son adresse. Face à elle le monstre
défie de sa seule présence, toute foi.
Depuis des années elle se soucie
d'une vie normale, sans interruption,
sans incendie, ni meurtre ni naufrage;
des menaces mises de côté, il reste
une douzaine de raisons pour
se retirer.

Qu'est-ce-qui dirige la femme témoin,
outre l'idée d'être soutenue de la même façon
par un autre au besoin, celui qui arrive
à noter une matricule, qui offre un nom,
qui pointe du doigt de bonne foi,
malgré les doutes, ignorant le déjà volé
déjà perdu devant la justice?

Elle se durcit: "Je n'ai rien fait de mal,"
les chiffres British 4 planes WW2
gravés sur son front. Elle trébuche
et chavire sur la vérité, s'interrogeant.
C'est qui maintenant le héros: le trahi
ou bien la trahisseuse? C'est qui
le perdant? Tellement flottent-elles
sans ancrage en ce moment,
la logique et la loi, que se noie sa foi.

Third party

How does the law protect
a witness bruised already
by fright and the logic of witnessing?
Now on the stand, she reveals
her address in full view, facing
the monster in faith. She worried
for years for a normal life
for her sons, interrupted by nothing
like arson, murder; threats aside:
dozens of reasons to withdraw.

What drives the witness but hope
someone would do it for her,
the one in a dozen who records
the plate number, offers a name,
points a finger in faith,
despite second thoughts, misgiving
what is already taken, already
taking the stand?

She steels herself: "I've done
nothing wrong," the license
number, British 4 planes WW2,
engraved on her brow. She stumbles
over the truth, wondering who
is the hero now, betrayer
or the betrayed? Who is the loser?
So unanchored is logic and law
 now that faith has died.

Luminiţa Suse

a thousand fireflies
out of dark woods
light springs
from unexpected
sources

mille lucioles
surgissent des bois
profonds
la lumière jaillit
de sources inattendues

he pulls out
of his magic heart
one by one
a thousand fireflies
and still counting

mille lucioles
et plus encore
sortent
une par une
de son cœur magique

giant stars
appear so small
to the naked eye
there is grandness
in fine details

les étoiles géantes
semblent tellement petites
à l'œil nu
Il y a de la noblesse
dans le moindre détail

a periscope
the poem coming
out of me
looking for the meanings
and boundaries of beauty

un périscope
le poème sort
de moi
cherchant les sens
et les limites de la beauté

I stood still
by my father's grave
like a hummingbird
before backing off
from an emptied flower

je me tiens
près de la tombe de mon père
comme un colibri
avant de me dégager
d'une fleur vidée

rain sifted
through gossamer leaves
drop by drop
a thousand storms ago
I was dying to grow up

la pluie passa
goutte à goutte
à travers les feuilles transparentes de gaze
mille tempête auparavant
je mourais d'être grande

a different
constellation of glints
in each snowflake
his feelings for me
not yet crystallized

une constellation d'étincelles
différente
dans chaque flocon de neige
ses sentiments envers moi
ne sont pas encore cristallisé

Traduction en français Flavia Cosma et Denis Emorine

Jüri Talvet

Chemin faisant, chemin faisant !

Joyeux Noël et Bonne Année !
Come toujours. Cette vieille coutume de garder
des adresses dans l'agenda : un quart de siècle
de vie qui ne se répétera plus, ou certes, oui, qui sait,
dans une autre dimension. Il s'éteint. Le Christ! Zarathustra.
Bouddha. La dernière chance de les réécrire,
les recopier d'un trait, y supprimer les défunts,
une fibre ou l'autre qui brûle encore dans l'âme,
maintenant absorbée, élargie sur papier,
les os confondus à la neige. Une ou deux
curiosités, un ou deux gestes de vanité. Oh Derrida.
comment différiras-tu, comment reporteras-tu ta mort
en écrivant, alors que le présent se tait, que le choeur
des croyants devient muet, de même que ma propre mort.
Si Jésus est né à cinq heures, je me réveillerai
encore plus tôt, à quatre heures, croyez-moi.

Traduction en français Françoise Roy

The Way, The Way!

Merry Christmas! Happy New Year!
As always. The old habit of keeping
addresses in a notebook: a quarter-
century of life that doesn't recur
or maybe recurs in another space.
It expires. Christ! Zarathustra.
Buddha. It's time to rewrite them,
to erase the dead, some kindled heart-fiber—
now absorbed, grown into paper,
bones merged with snow.
Some curiosity, some vanity. O Derrida,
how do you defer, how do you write
your death, when the present is silent,
the devoted choir become mute,
how do you defer my death? *If Jesus*
was born at five, then I will wake
even earlier, at four, believe me.

Translated by H. L. Hix

Patricia Tenorio

Punctum

The *punctum*
In the middle of the world
Has bit my tongue
Overflowed my unclean being
Washed my soul
Quieted my growing calm
Of solitude and pain

I'd like to be
That point
Where everything started
Change the fate
Of my humanity
From mother
From father
My brothers
Making us being
Family
Making us being
Respect
Making us being
Union

The *punctum*
In the middle of the world
Never more it'll be the same
Never more I'll see the sea
Topple its arms into my arms
Wipe the tears of salt
In waves on my face
Flooding the chest
Of hope
And color

To give light
To a new era

Without ties
Without borders
No wars
Neither religions
God passing through me right now
He did all of this
And said it was good.

Le *punctum*
Dans le milieu du monde
Il a mordu ma langue
Fuite Mon être impur
Lavé mon âme
Calmé le calme croissante
De la solitude et douleur

J'ai voulu être
Ce point
Là où tout a commencé
Changer la destination
De mon humanité
Mère
Père
De mes frères
Faisons-nous être
Famille
Faisons-nous être
Respect
Faisons-nous être
Union

Le *punctum*
Au milieu du monde
Jamais il sera la même chose
Je ne pourrai jamais voir la mer
Renverser bras dans mes bras
Essuyer les larmes de sel
Dans les vagues sur mon visage
Inonder la poitrine d'espoir
Et couleur

Pour donner de la lumière
À la nouvelle ère
Sans liens, sans frontières
Pas de guerres, ni des religions

Dieu à travers moi maintenant
Il a fait tout ça
Et dit qu'il était bon.

Jeremiah Wall

Amidst this inundation of fact
What is the brain to do
Drowning in data relevant to the order of things
Had it been trained for this task

The words will flow if they want to

Dividing minds of human kind past the line of no return
Waiting for the ashes to cool
Plastered in the perception of the moment's statue
Or the humptied dreams now empty
the nation's plenty is plundered in a bolt of thunder
And the world stood still the skies empty for days
a new nation emerges from the smoking pile's sun rays

In mourning's end is brilliance
Of the longest year the end of fear
And opening of earth to what real had been concealed
What's left is the awakening
And all that feeling implies
The valley only knows the difference
Because the peak flies

Every tree must have a trunk to travel with
Every scribe an ultimate myth and mine was this
When the words fly
They are birds with limitless wing
The fingers don't feel a thing

Au milieu de cette accumulation de faits
Qu'est-ce que le cerveau doit faire
Presque noyé dans trop d'informations relevant de l'ordre du réel
Si le cerveau a été entraîné à cet exercice

Les mots vont s'écouler s'ils le veulent

Divisant l'esprit de l'humanité au-delà de la ligne de non-retour
Attendant que les cendres refroidissent
Figés dans la perception de la statue d'un moment
Où les rêves sont comme des œufs cassés et vides.
L'abondance de la nation est pillée par un coup de foudre
Et un jour, le monde s'arrête, les ciels vides ;
Une nation neuve surgit du bûcher enfumé des rayons du soleil,
Après le deuil, il y a l'éclat
De l'année plus longue, sans aucune peur,
L'ouverture de la terre révélant la réalité occultée,
Ce qui reste vraiment est le réveil
Et ce que ces sentiments font supposer.
Seule la vallée sait la différence
Parce que le sommet s'envole.

Chaque arbre doit avoir un tronc avec qui voyager
Chaque scribe un mythe ultime et le mien était celui-ci
Quand les mots s'envolent
—Ils sont des oiseaux avec des ailes infinies—
Les doigts ne sentent rien.

Traduction en français Flavia Cosma et Denis Emorine

Cheryl Antao-Xavier

RISE Up! Rise ABOVE!—for the writer

This year marks the turnover
To a new way of thinking
Of walking—of writing.

No more sloughing through the past
Caught in a web of incessant retrospect.
Where dreams, freedom, joy
Lie trapped in a stifling world of negativity
See this for what it is: Curbs to your creativity.
Break out—break free
RISE Up!

Blunders are little fissures in the road
Not ever widening chasms with no way out.
See these for what they are: Lessons in life
Leap over, leap free
Rise ABOVE!

This year marks the turnover
To a new way of thinking
Of walking—of writing.
RISE Up! Rise ABOVE!

LÈVE-toi! ÉLÈVE-toi! Pour l'écrivain

Cette année marque le renouvellement
Vers un nouveau mode de pensée
Une nouvelle façon de marcher — d'écrire.

Fini la mue qui passe par le passé
Coincé dans un réseau de retours en arrière incessants.
Où les rêves, la liberté, la joie
Sont prisonniers dans un monde étouffant de négativité
Voilà de quoi il s'agit vraiment: des freins à ta créativité.
Dégage-toi — Libére-toi
LÈVE-toi!

Les erreurs ne sont que de petites fissures sur la route
Et non des abîmes sans voie de sortie.
Considère-les comme des leçons de vie
Saute par dessus, dégage-toi
ÉLÈVE-toi!

Cette année est le tournant
Vers un nouveau mode de pensée
marcher — d'écrire.
LÈVE-toi! ÉLÈVE-toi!

Traduction en français Isabelle Lecomte

Table des matières

Biographies

David Brême Auto poético Biographie: Poète, j'ai jeté mon encre au ciel et ce qu'il en est retombé n'était pas suffisamment noir pour en faire des écrits publiés dans l'épaisseur des librairies. Apprenti philosophe, je n'ai jamais eu suffisamment de sagesse pour ne pas la faire déborder de poèmes ou pour ne pas me laisser emporter par une transhumance de berger de brebis et d'abeilles…Ouvrier agricole en herbe, animateur nature, prof de philo et de français à l'occasion, apiculteur amateur, berger saisonnier…Je suis un vagabond du monde universitaire qui rêve d'être jardinier, je suis un lecteur de signes tracés sur l'écran qui rêve d'écrire sur l'air et sur l'eau avec les cygnes, je suis un signal qui brûle de devenir un fanal…

Alan Britt served as judge for the 2013 The Bitter Oleander Press Library of Poetry Book Award. He read poetry and presented the "Modern Trends in U.S. Poetry" at the VII International Writers' Festival in Val-David, Canada, May 2013. His interview at The Library of Congress for *The Poet and the Poem* (http://www.loc.gov/poetry/media/avfiles/poet-poem-alan-britt.mp3) aired on Pacifica Radio, January 2013. His latest books are *Parabola Dreams* (with Silvia Scheibli): 2013 and *Alone with the Terrible Universe*: 2011. He teaches English/Creative Writing at Towson University, Maryland, USA.

Christopher Bowen is an author from Cleveland, Ohio, U.S.A. He originally was the writer-in-residence at the 2012 Val-David Fall Festival, where this story was read. It originally appeared in the journal *Hobart Online* and has since been included in his chapbook *We Were Giants*, out from Sunnyoutside Press. Chris blogs from burningriver.info and enjoys cooking, travelling and swimming in lakes in the summer.

Gordon Bradley is a 73 years old poet living in Saint Adolphe de Howard, Laurentides, QC. An eternal optimist, "the most important day in his life is always tomorrow."

Philip Brunst's writing has appeared in *The Brooklyn Rail* and on *The Best American Poetry* blog, and it is forthcoming in *The Daily PEN American*. He was a fellow at the Norman Mailer Center in 2013 and at the International Artists' and Writers' Residency in Quebec in 2012. In 2014, he was a finalist for a fellowship from the Wisconsin Institute for Creative Writing. He has also been short-listed for a Summer Literary Seminars Fellowship, a residency at Yaddo, and by the Quebec Writers' Federation Mentorship Program. A graduate of the MFA program at The New School in New York City, he lives in Los Angeles.

Julie Burtinshaw is the author of seven novels for and about teenagers. Her fifth novel, *The Perfect Cut*, is included in the Canadian Children's Book Centre, Best Books for Teens 2009 list, and was nominated for the prestigious Ontario White Pine Award. She facilitates writer's workshops in high schools across Canada where her highly interactive help to foster a love of both reading and writing to young adults and adults everywhere.

Claudia Cáceres Franco : Née en octobre 1977 à Lima, Pérou. Elle étudie au lycée Franco – Péruvien, ou elle reçoit le premier prix du concours scolaire de poésie en 1993. En 2001 elle complète un DEC en communication et documentation à l'institut de communication et design Toulouse Lautrec. Elle s'inscrit ensuite dans des ateliers de narrative et d'art dramatique : sa créativité se centre dans l'écriture poétique et des histoires courtes. En 2006 elle publie quelques poèmes dans l'anthologie poétique *"Generación del 2000, muestra de poesía joven"* (**Circulo abierto Editores)**. En 2007, le blogue **Urbanotopia** publie aussi quelques-uns de ses poèmes. En 2009, elle s'installe à Montréal. En 2013 elle retourne aux études à l'UQAM pour faire un certificat en création littéraire. Cette même année le blogue **Poe3ía y Opinión** publie plusieurs poèmes, certains inclus dans son premier recueil de poèmes bilingue *"Retorno hacia el Antiguo Sur"*. En juin 2014, elle participe au festival international de Val-David, Québec, où elle présente son premier recueil bilingue *"Retorno hacia el Antiguo Sur" (retour vers l'ancien sud)*.

Luis Raúl Calvo: Poète et essayiste, auteur et compositeur de musique, licencié en psychologie, est né à Buenos Aries, Argentine, en 1955. Il dirige la revista culturelle « Génération Ouverte » (Lettres-Art-Éducation), fondée en 1988, qui a été déclarée d'intérêt culturel pour la ville de Buenos Aires en l'année 2000. Il a publié divers livres de poésie. En 2011, il a imprimé son premier album musical *¿Cuál es la verdad de lo vivido?-Canciones Urbanas* avec l'accompagnement vocal de Noemi Maglioca et sous la direction du maitre Oscar Laiguera. Il a reçu plusieurs distinctions littéraires. Une partie de son œuvre a été traduite en roumain, français, anglais, italien et português.

Rodica Gabriela Chira, enseignante à l'Université « 1 Decembrie 1918 » d'Alba Iulia, Roumanie, est l'auteure de plusieurs livres dont la plupart sont liés à sa profession : *Cyrano de Bergerac - du burlesque à la science-fiction* (2002), *Littérature et idées au Siècle des Lumières* (2008), etc. Elle est en même temps traductrice du roumain en français et du français en roumain (Mircea Eliade, *Sacrul și profanul* - 1992, Michel Ducobu, *Un belgian la capătul plajei* - 2012, etc.) et auteure d'un livre de poèmes, *Don d'un don* - 2012. En juin 2010, elle a passé deux semaines en travail de recherche à la Résidence internationale des écrivains et artistes de Val David.

Flavia Cosma est poétesse, auteure et traductrice canadienne d'origine roumaine. Elle a également une maîtrise en ingénierie électronique et a fait des études théâtrales en Roumanie. Flavia a publié vingt-cinq livres de poésie, un roman, un volume de mémoires de voyage et cinq livres pour enfants. Le volume de poésies *Leaves of a Diary* a été accepté à l'Université de Toronto dans le cadre du programme de littérature canadienne EJ Pratt comme matériel de cours pour l'année scolaire 2007-2008. Le volume de poésie *Thus Spoke the Sea*, a été accepté à l'Université Towson, Baltimore, Maryland, USA (professeur Alan Britt), comme matériel de cours pour l'année scolaire 2014. Son activité créatrice a été récompensée par plusieurs prix.
Flavia Cosma est directrice de la **Résidence internationale des écrivains et artistes, Val David, Quebec, Canada et du Festival International des écrivains et artistes de Val-David**
http://www.flaviacosma.com/Val_David.html

Enseignante à la retraite, **Nicole Davidson** occupe actuellement le poste de mairesse dans la Municipalité du Village de Val-David. Membre de plusieurs comités d'administration, elle est notamment présidente du comité de la politique culturelle de la MRC des Laurentides et présidente de la Fondation Villes et Villages d'Art et de Patrimoine. Auteure de littérature enfantine et poétesse, elle a publié et gagné des prix littéraires dans la revue Lurelu et, plus récemment, un recueil de poésie en 2013.

Carmen Doreal est le nom artistique de la poète et artiste visuelle d'origine roumaine Carmen Tuculescu Poenaru qui vit depuis 2001 à Montréal, au Canada. Carmen Doreal est membre de l'Association des Ecrivains de langue roumaine du Québec, de la Fondation Culturelle Constantin Brancusi de Roumanie, de l'Académie Internationale d'Arts (Québec) et du Cercle des Artistes Plastiques et Sculpteurs du Québec. Elle est l'auteur de trois volumes de poésie ; *Le Vernissage de l'amour* 1999, Éditions Le Courrier du Danube, Bucarest, *Poèmes en couleurs 2010, Ed.* Nemesis, Montréal et *Rencontres sans arguments, 2014, Ed. Fides , Iasi.*

Hélène Dorion a publié plus d'une trentaine de livres (récit, poésie, essai, album jeunesse) depuis 1983. Elle a reçu de nombreux prix littéraires nationaux et internationaux dont le prix Mallarmé, le prix du Gouverneur général du Canada, le prix Charles-Vildrac de la Société des Gens de Lettres de France, le prix Anne-Hébert, le prix Études françaises de l'Université de Montréal et le prix européen Léopold-Senghor pour l'ensemble de son œuvre qui est traduite dans plus de quinze pays. Reçue à l'Académie des lettres du Québec en 2006, elle a été nommée Chevalière de l'Ordre national du Québec en 2007 et, en 2010, Officière de l'Ordre du Canada. Parmi ses titres récents : *Recommencements* (récit, 2014), *Cœurs, comme livres d'amour* (poèmes, 2012), *Sous l'arche du temps* (essai suivi d'entretiens, 2013).

Sharl Dubé, auteur-compositeur-interprète né à Québec en 1947. « Pour moi l'art est une exigence d'expression et de réalisation de soi à travers une certaine recherche d'harmonie et d'esthétisme. C'est une expérience comme les autres : je ne fais que vivre, penser et agir. Le produit de cette exigence et de cette recherche est une célébration, une invitation au partage. Mots, musiques, images, comme autant d'idées, de rêves, de sensations et de visions »

Louise Dupré a publié une vingtaine de titres, qui lui ont valu de nombreux prix et distinctions. Parmi ses recueils de poésie, mentionnons, aux Éditions du Noroît, *Tout près* (1998), *Une écharde sous ton ongle* (2004) et *Plus haut que les flammes* (2010), qui a mérité le Grand Prix Quebecor du Festival International de la Poésie de Trois-Rivières et le Prix du Gouverneur général du Canada. Elle a aussi publié des livres d'artiste, les romans *La memoria* (1996) et *La Voie lactée* (2001), ainsi que le recueil de nouvelles *L'été funambule* (2008), chez XYZ éditeur. Le texte théâtral *Tout comme elle* (Québec Amérique, 2006) a été mis en scène par Brigitte Haentjens en français à Montréal et en anglais à Toronto. Elle vient de publier le récit *L'album multicolore* (Héliotrope). Plusieurs de ses livres ont été traduits en anglais. Elle est professeure associée au Département d'études littéraires de l'UQÀM et membre de l'Académie des lettres du Québec.

Denis Emorine est né en 1956 près de Paris.
Il a avec l'anglais une relation affective parce que sa mère enseignait cette langue .Il est d'une lointaine ascendance russe du côté paternel. Ses thèmes de prédilection sont la recherche de l'identité, le thème du double et la fuite du temps. Il est fasciné par l'Europe de l'Est. Poète, essayiste, nouvelliste et dramaturge, Emorine est traduit en une douzaine de langues. Son théâtre a été joué en France, au Québec et en Russie. Plusieurs de ses livres sont traduits et édités aux Etats-Unis. Il collabore régulièrement à la revue de littérature "Les Cahiers du Sens". Il dirige trois collections de poésie aux Editions du Cygne. En 2004, Emorine a reçu le premier prix de poésie (français) au Concours International *Féile Filiochta*. L'Académie du Var lui a décerné le « prix de poésie 2009 » http://denis.emorine.free.fr

Adrian Erbiceanu : Diplômé de l'école militaire "Dimitrie Cantemir", Breaza, Roumanie, 1959; Diplômé de l'Institut pédagogique de Bucarest, Faculté de philologie, de langue et littérature roumaine, 1970. Établi au Canada, à Montréal, depuis 1979. Cofondateur et président de l'Association des écrivains de langue roumaine du Québec (ASLRQ), 2008.

Membre de Diversité Artistique Montréal (DAM), 2008.
Publications: Confessions pour deux Générations, éd. Tipotrib,
Sibiu, 2003; La divine Tragédie, éd. Tipotrib, Sibiu, 2004; De la
Anna la Caiafa, éd. Ardealul, 2007, Târgu Mureş; La Fontaine de ce
Siècle, recueil de poésies, éd. ASLRQ, Montréal, 2009, traduction et
introduction Constantin Frosin; Printre Silabe, éd. Seul, Târgovişte,
2011; La jeunesse éternelle (Tinereţe fără bătrâneţe), éd. Anamarol,
Bucureşti, 2013.

Anna Louise E. Fontaine a grandi dans les ruelles de Montréal et
passé ses étés à la campagne. Alternance de bruit et de solitude.
Trop d'années d'école et maints voyages fantastiques dans les livres
qu'elle dévorait. Alternance d'ennui et d'aventure.
Sculpture et peinture. Travail communautaire.
Acupuncture et autres médecines alternatives.
Alternance d'intuition et d'action.
De grands amours avec le goût d'écrire et de partager les couleurs
de sa vie. Enfants nés de ses désirs.
Alternance de pleurs et de chansons. De rires et de frissons.
2012 : « Les Démons de la Sorcière, *Ma vie n'est pas dans vos yeux* »,
récits de vie et poèmes. Voyage au pays de son ombre.
2014 : « Comme 2 cerfs-volants suivi de *La Mort de l'Amazone* ».
Récits et poèmes. Dialogue imaginé entre une fille et sa mère.

Jacobo Fijman est né en Moldavie en 1898 et est arrivé en
Argentine encore enfant. Il faisait partie du groupe littéraire
d'avant-garde « Martin Fierro » et a fréquenté Jorge Luis Borges et
Oliverio Girondo
Bohémien, vagabond, sans racines, il a souffert d'une dépression
nerveuse et a été interné dans plusieurs hôpitaux
neuropsychiatrique jusqu'au jour de sa mort en 1970.
Dans son œuvre poétique, prolifique et chaotique, nous trouvons
trois livres majeurs: « Moulin Rouge » « Fait d'images » et « Etoile
du matin », publiés en 1926, 1929 et 1931 respectivement. Après
cette date Fijman continué à écrire pendant plusieurs années, mais
certains de ses travaux ont été perdu alors d'autres textes ont été
sauvé de l'oubli par ses amis.
Jacobo Fijman était un poète supérieure, exceptionnelle, d'une
extrême sensibilité, le paradoxe de sa vie réside dans l'extrême
lucidité exprimée par sa folie.

Antoine Gravel-Bilodeau, âgé de 24 ans écrit de la poésie depuis deux ou trois ans. Il aime jouer avec les mots et créer différentes figures de style. Il termine son certificat en création littéraire, à l'UQAM cet été. Il est sur le projet d'écrire un livre qui sert à terminer son certificat universitaire. Le thème de l'amour est assez récurent dans ses écrits. Il aime aussi faire référence à la beauté de la nature qui l'entoure. Par ces images et ses figures de style, il arrive à faire réfléchir les gens et aller les chercher par leurs sentiments. Plusieurs projets d'écriture sont en cours.

Talleen Hacikyan est une artiste en arts visuels et une auteure, qui réside à Montréal. En 2003, Talleen obtenait une mention honorable à l'occasion du Victoria School of Writing Postcard Story Competition. Deux ans plus tard, elle recevait le Premier Prix dans le cadre du même concours. En 2005, elle faisait partie des finalistes du Writers' Union of Canada Postcard Story Competition. Ses écrits ont été publiés dans ARARAT Quarterly, New York et Room Magazine, Vancouver. www.talleen.net

Eva Halus est une artiste d'origine Roumaine (peintre, photographe, journaliste et poète). Elle a étudié le Design Graphique à l'Université Concordia. Elle a publiée 2 recueils de poèmes, écrites et illustrés par elle-même, parues à la Maison d'Edition Reflection Publishing, en Californie (*«Fragments»* et *«Of me and you»*) et prépare une troisième livre de poésie. À Montréal depuis 1989, elle est une membre active de la Communauté Roumaine : dans les 5 derniers années en tant que Directrice Artistique de l'Association Culturelle Roumaine et en tant que journaliste à Accent Montréal, où elle écrit la rubrique d'*Art et Culture* et de *L'Environnement*. Elle a exposée solo et en groupe et avait organisée en Mai 2014 une exposition de group des artistes roumains avec 23 exposantes. Durant ce temps elle pratique et enseigne aussi la Peinture Japonaise aux enfants et aux adultes.

Hugh Hazelton est un écrivain et traducteur qui se spécialise dans la comparaison des littératures du Québec et du Canada anglais avec celles de l'Amérique latine. Il a écrit quatre livres de poèmes, et il traduit du français, de l'espagnol et du portugais vers l'anglais. Sa traduction de *Vétiver* (Signature, 2005), un livre de poèmes de Joël Des Rosiers, a gagné le prix du Gouverneur Général pour la traduction français-anglais en 2006. Son recueil de poèmes *Antimatter* a été réédité avec CD par Broken Jaw Press en 2010; une version espagnole, *Antimateria* (La Cita Trunca), est parue en 2009. Il est professeur honoraire d'espagnol à l'Université Concordia à Montréal et travaille maintenant comme co-directeur du Centre international de traduction littéraire de Banff.

Louis-Philippe Hébert est né à Montréal un 20 décembre. Il a travaillé dans le monde du livre pendant la majeure partie de son existence. Il a créé des ouvrages de poésie et de fiction. Il a écrit *Le Livre des plages* qui a reçu le Grand prix Québecor du Festival de poésie de Trois-Rivières. Il a aussi écrit *La Chute de l'ange,* un poème symphonique qui a été salué par le Prix Brigitte-Fontaine, *Correspondance de guerre* et *Les poèmes d'amour.* Pour *Vieillir,* son plus récent ouvrage, on lui a remis le premier Prix du Festival de poésie de Montréal.
Ces ouvrages complètent sa production poétique des années 2000. Auparavant, Louis-Philippe Hébert a publié *Textes extraits de vanille* et des textes en prose qui tiennent du poème, dont *Manuscrit trouvé dans une valise, Le Roi jaune* et *Cinéma de Petite-Rivière, Les mangeurs de terre.* En 2012, Louis-Philippe Hébert attendait avec impatience son anniversaire qui tombait la veille de la fin du monde attendue. « Ça sera pour une autre fois, se dit-il. » La fin du monde demeure une catastrophe personnelle.

Clelia Ifrim est roumaine, elle est née à Bucarest, où elle vit actuellement. Elle est membre de l'Union des Ecrivains de Roumanie, et de l'Association Internationale des Ecrivains et des Artistes - **IWA** des Etats Unis. Elle a publié des ouvrages de poésie, de haiku, de théâtre, de la prose courte, des essais, des traductions dans diverses revues en Roumanie et dans le monde entier. Elle est présente dans diverses anthologies de poésie. Elle a publié 15 livres à ce jour, le dernier étant un recueil de poésie bilingue roumain-anglais : *The hatching hen and her stone chicks,* editura Limes,2014.
Pour ses haikus en langue anglaise, elle a été récompensée par de nombreux prix internationaux, le plus récent étant le Grand Prix du Festival "Matsuo Bashô", en 2011. Deux de ses poèmes ont été sélectionnés par *JAXA - l'Agence Spatiale Japonaise* - et déposés

par le module spatial Kibo sur l'ISS- la Station Spatiale Internationale.

Jeanne Jutras fut enfant de l'Abitibi mais elle habite la région de Saint-Jérôme depuis plus de 25 ans.
Romancière, elle s'adonne aussi à la poésie avec grand bonheur.
Madame Jutras est retraitée de l'enseignement au secondaire où, à Amos, elle a exploité la poésie de Félix Leclerc et celle de Gilles Vigneault entre autres, en initiation poétique avec ses élèves. Elle a aussi enseigné au secondaire à Saint-Jérôme, durant plusieurs années.
Membre de l'Association des auteurs des Laurentides, elle a publié deux romans Corona, ma mère (2010), Lucie l'enfant étrange (2013) et un recueil de poésie La Quintessence de ma vie (2011), à La Fondation littéraire Fleur de Lys de Lévis, Québec
Madame Jutras est coordonnatrice pour Poésie Académie qui offre avec grand succès un micro ouvert aux poètes adolescents et adultes de la région, au Café Carrousel de Saint-Jérôme, depuis le 19 mars 2013.

Anna Levine is an author of young adult and children's literature. Her first novel, RUNNING ON EGGS (Front Street/Cricket Books), was listed on the NY Public Library as a best book for teens in the year 2000, about the friendship between two girls, both runners, one Israeli and one Palestinian. Her novel FREEFALL (Greenwillow/HarperCollins) won a Sydney Taylor Honors Award. Levine has published picture books and award winning short stories and poems in Cicada and Cricket Magazines. She is presently working on a novel for adults. "On this Map of the World" was first published in YARN (young adult review network). www.annalevine.org
Ana López was born in Buenos Aires in 1972. She has published short stories in the anthologies *Fiction is just a tale (La ficción es puro cuento*, elaleph, 2012) and *Deliberate tales (Relatos deliberados*, Textos intrusos, 2013), in magazines and in her blog, www.miradapasajera.wordpress.com. Her first novel, *Principle of necessity (Principio de necesidad*, Textos intrusos 2013-4) has just been published.

Frédérique Marleau a publié dans les revues de La compagnie à no, le Steak Haché et Ectropion, en plus d'affectionner le micro des soirées Solovox, et de se livrer en performance dans les slams ou lors d'événements tels que Fétichic! qu'elle a elle-même organisé. Pour son plaisir, elle joue aussi le rôle de modèle occasionnel avec cerveau-direction pour créateurs subversifs, ces photos ont d'ailleurs paru dans la revue *Papa* de la Compagnie à no. Avec Serge Decotret, qui l'avait croquée, elle a coréalisé un court métrage intitulé *La Femme Phallique*, sorte de poème charnel visuel et esthétique qui paraîtra en 2007. Elle a cofondé «Le Cercle Des Poètes Immanents». Avec *Visages de Marie*, recueil de poésie paru aux Éditions Marchands De Feuilles dans la collection *Poésie Sauvage*, elle a trouvé sa tribu, alors que dans son premier recueil *Feu de l'Être*, paru chez Guérin dans la collection *Poésie d'Ici*, elle voulait incendier la baraque et les morts qui y croupissaient en attente de sépulture.

Gilles Matte a publié sa poésie dans des revues telle *Estuaire*. Après avoir édité un premier recueil *Comme une roche dans l'œil de la lumière*, il sent le besoin d'ouvrir un chemin alternatif au travail du poète. La performance, l'installation, et la scénarisation du texte poétique en improvisation sont rapidement devenus des éléments essentiels de son travail et lui ont permis d'être lu et entendu à travers le Québec, la France, la Guinée Conakry et le Japon.

Felicia Mihali is a journalist, a novelist and a teacher. Born in Romania, she lives in Montréal. After studies in French, Mandarin and Dutch, she specialized in Postcolonial literature at the University of Montreal, where she also studied Art History and English Literature and where now she is doing a Master's Degree in History. She is co-founder of the webzine Terra Nova, which she edited for five years. Today, she writes in French and in English. Her first book in French, *Le Pays du fromage*, was published in 2002 by XYZ Editeurs, followed by six others books as *Sweet Sweet China* in 2007, *Dina* in 2008 and *L'Enlèvement de Sabina* in 2011. In 2012, she publishes her first book in English, *The Darling of Kandahar*, which was inspired by a news item reported in *Maclean's magazine*. The book was nominated for Canada Reads 2013. In May, 2014 she published her second novel in English, *A Second Chance*, with Linda Leith Publishing.

Ljubica Milicevic is a Canadian writer, poet and painter. Born in Zemun (Serbia), she has completed her M.A degree in Philosophy in Montreal. She has published three novels in French : Le Chemin des pierres, 12 jours de l'année and Marina et Marina. Her work encompasses also publications of poetry in many magazines in Canada, USA and her native country. While she spends most of her time writing she also paints. She also worked since 2003 as a coordinator on the Canada stand at Belgrade Book Fair and Québec Book Fair and presented several essays about Canadian culture and literature on Canadian Literature Conferences abroad. Presently she is completing two novels in French.

Gertrude Millaire, née à Ferme-Neuve, oui il faut bien naître quelque part. Déportée à Maniwaki pour son travail, il faut bien la gagner cette vie donnée ! Poète à ses heures ! Non, la Poésie est un état de vie qui se nourrit du quotidien… La poésie nous entoure, nous habite, nous met en mouvement.
Marcher, pédaler, skier, humer les couleurs et les odeurs; défier le vent sur un dériveur, goûter le silence entre terre et ciel, découvrir la poésie sous-marine puis avaler des kilomètres juste pour le plaisir des yeux et voyager plus loin, aller à la rencontre des peuples et apprivoiser cette poésie d'ici et de l'ailleurs. Aujourd'hui webmestre pour la Revue mensuelle **Francopolis.net** (2002-2014) rencontre virtuel mais bien vivante avec une équipe de différentes nationalités et découvrir les poètes du monde. **Publication** : **L'instant Démesuré**, éd. En Marge, aussi disponible sur le site Bibliothèque Nationale du Canada.
http://epe.lacbac.gc.ca/100/200/300/gertrude_millaire/instant/instant.html

Gloria Mindock is the founding editor of Cervena Barva Press, and one of the USA editors for *Levure Litteraire* (France). She is the author of *La Porţile Raiului* (Ars Longa Press, 2010, Romania) translated into the Romanian by Flavia Cosma, *Nothing Divine Here* (U Soku Stampa, 2010, Montenegro), and *Blood Soaked Dresses* (Ibbetson, 2007). Widely published in the USA and abroad, her poetry has been translated and published into the Romanian, Serbian, Spanish, and French. Her fourth chapbook, "Pleasure Trout" was published by Muddy River Books in 2013.

Michael Mirolla
Novelist, short story writer, poet and playwright, Michael Mirolla's publications include a punk-inspired novella, *The Ballad of Martin B.*; three novels: *Berlin* (a Bressani Prize winner and recently translated into Latvian); *The Facility*, which features a string of cloned Mussolinis; and *The Giulio Metaphysics III*, a novel/linked collection wherein a character named "Giulio" battles for freedom from his own creator; a short story collection, *The Formal Logic of Emotion* (translated into Italian as *La logica formale delle emozioni*); and three collections of poetry: *Light and Time*, the English-Italian *Interstellar Distances – Distanze Interstellari*, and *The House on 14th Avenue*. His short story, "A Theory of Discontinuous Existence," was selected for *The Journey Prize Anthology*, while "The Sand Flea" was nominated for the US Pushcart Prize.

Pierre Mondou est psychologue de profession. Après une enfance dans le domaine du spectacle (chant, danse), il entreprend une formation professionnelle en psychologie pour finalement gagner sa vie comme propriétaire dans l'immobilier. L'auteur écrit depuis une vingtaine d'années, au début de la chanson et maintenant exclusivement de la poésie. L'auteur est connu sous le nom de plume du Pierrot de Lune. Il est membre de la Fédération québécoise du loisir littéraire, de l'Association des auteurs des Laurentides, de la Société littéraire de Laval et de l'UNEQ. Il a publié deux recueils de poésie (Derrière le masque des rêves, tome 1 et 2) et s'apprête à en éditer trois autres plus un essai psycho philosophique. En plus d'être le fondateur et l'animateur de Poésie Académie, l'auteur donne plusieurs lectures à Montréal, Laval et dans les Laurentides. Ses prestations sont des plus spectaculaires.

Ofelia de Santos (O. Uta Burcea)
Doctorante à l'Université Complutense de Madrid, et elle est collaboratrice de l'Université où elle avait fait ses études de Master, «Antonio de Nebrija». En qualité de philologue, elle a participé à des Congrès internationaux en Espagne et en Roumanie, et a publié des ouvrages. Lauréate de quelques concours de créations (2008, Alcalá de Henares ; 2009, Madrid ; 2012, Roumanie, elle a été incluse dans un livre collectif de poésie: Desant 2013, par la maison d'édition Adenium de Iassy (Ro). Publie aussi dans la Revue Salonul

Literar (Ro), et elle est l'auteur de l'épilogue du livre de Flavia Cosma, Zgârâieturi pe fata oglinzii. (2013).

Mel Sarnese is a poet/writer living near Toronto. Her work has been anthologized in Canada and abroad. Her poems have appeared on TV Ontario and CBC Radio. Mel has published two chapbooks, 'Leper's Cave' and 'A Fly On the Wall by Baret's Press.

N. A'Yara Stein is an American living on a chicory farm and has been nominated multiple times for the Pushcart Prize. She holds an MFA from the University of Arkansas and is a grant recipient of the Michigan Art Council and the Arkansas Arts Council. The former editor of the arts quarterly Gypsy Blood Review, she's recently published in Verse Wisconsin, The Birmingham Arts Journal, The Chaffey Review, Ping Pong: The Henry James Review, The San Pedro Poetry Review, The Delinquent, UK, and The James Dickey Review, among others.

Czandra Mostly is the pen name of Sandra Stephenson, living in the border area between Ottawa and Montreal. Czandra published two chapbooks in spring 2014: radish - a singularity (obvious epiphanies press, Vancouver), and a few words (MCInternational, Montreal). She has two previous chapbooks and multiple poems in magazines as far away as New Zealand and on-line world-wide. She also writes Tanka and haiku and in her spare time manages www.poetsagainstwar.ca.

Luminiţa Suse a publié deux recueils de tankas: A Thousand Fireflies (Éditions des petits nuages, 2011) et A Hint of Light avec Mike Montreuil (Éditions des petits nuages, 2013) Ses poèmes ont paru dans Moonbathing: A Journal of Women's Tanka, Gusts, Atlas Poetica, Magnapoets, Red Lights, Ribbons, A Hundred Gourds, Take Five: Best Contemporary Tanka 2010 and 2011, Prune Juice, Notes from the Gean, Kokako, World Haiku Review, Skylark. Luminita a mérité une mention honorable et un troisième prix dans le CAA-NCR National Capital Writing Contest en 2012 et 2013. Elle a aussi reçue une mention honorable dans le 7th International Tanka Festival Competition, 2012, organiser par le Japan Tanka Poets' Society.

JüriTalvet was born on December 17, 1945 in Pärnu (Estonia). A graduate of Tartu University (1972) and a PhD by Leningrad (St. Petersburg) University (1981), he has over several decades taught Western literary history (from 1992 as a Chair) at the University of Tartu. As a writer (a member of the Estonian Writers' Union since 1984), he has published a number of books of poetry and essays. Selections of his translated poetry and essays have appeared in English, Spanish, French, Romanian, Catalan and Italian. He has been an invited participant of international poetry festivals in Lithuania, Spain, Colombia, Slovenia, Bolivia, Belgium, Romania, Bosnia, Nicaragua and Canada. Talvet was awarded Estonian Annual Prize of Literature in 1986, the Juhan Liiv Prize of Poetry in 1997, and the Ivar Ivask's Memorial Prize for poetry and essay in 2002. (Homepage: talvet.edicypages.com/en)

Patricia Gonçalves Tenorio est une écrivaine de poèmes, nouvelles et romans depuis 2004, elle a publié huit livres et est une étudiante de Maitrise en Théorie Littéraire de l'Université Fédérale de Pernambuco - Brèsil, ligne de recherche Intersemiosis, avec le projet *Le Portrait de Dorian Gray: un roman indiciel, augustinien et préfigural.* www.patriciatenorio.com.br et patriciatenorio@uol.com.br

Jeremiah Wall est un chansonnier et poète du Québec, né aux États-Unis, qui a beaucoup contribué à mettre la poésie en chansons sur scène.

Cheryl Antao-Xavier is an author, editor and publisher. She has published two collections of poetry *Dance of the Peacock,* 2008 and *Bruised but Unbroken,* 2011. In 2014, she will publish her first children's book in English and French entitled *Welcome to Maple Woods*; the theme of this book is diversity and integration. Her long poem *RISE Up, Rise ABOVE!* is a motivational poem about bullying in the school and in the workplace and it can be accessed free of charge to be used in anti-bullying campaigns. Cheryl is the publisher of In Our Words Inc., (inourwords.ca) and has published almost 50 titles of Canadians of different ethnicities. Through IOWI, she has launched 'The Red Bench—a place to read' which is a project that promotes reading and literacy in all age groups.

www.ingramcontent.com/pod-product-compliance
Lightning Source LLC
Chambersburg PA
CBHW030945090426
42737CB00007B/542